COVER ILLUSTRATION
ARISA HARADA

BOOKDESIGN
ALBIREO

このエッセイを読んでくださるかたへ

「女の子とルームシェアをしています」

そう自己紹介すると、時々、次のような質問を投げかけられることがある。

家に彼氏呼んだりしないの?
結婚する時はどうするの?
家具なんか割勘で買ったら、あとで揉めない?
もしかして二人は付き合ってるの?
いつまで一緒に住むの?

これらの問いかけに対して、私は「なぜそんなことを聞くんだろう」という疑問を抱く。
しかし「なぜ?」とざらつく気持ちの下に、なぜか「なるほど、聞くのだろうな」と反射的に理解を示してしまいそうになる広大な土壌を、ふと自分の中にも見る。

どうやら、どんなものであれ女二人の関係には、「いつか終わる」という前提があるらしい。質問する善意の人々も、私自身も、その空気を吸いながら生きているらしい。

結婚することを「落ち着く」「片付く」「おさまる」と表現することがある。まるで一組の男女が法律の下、特定の形態になってようやく「一人前」であるかのような言い回しだ。それに対し、女性同士の関係はしばしば「一」未満として語られる。年齢やライフステージに左右される過渡的なもの。友情と混同した気の迷い。表面的でしかない、まやかしの付き合い。

少女教育が花嫁修業だった歴史のせいなのか、男性器を挿入するセックスをスタンダードとする風潮のせいなのかは定かではないが、人間関係の「一」に満たない、取るに足らないものとして扱われる。

例えば、「女の敵は女」という言葉がある。この言葉の中には「女」と「女」しかいない。にもかかわらず、言外に「(女の足を引っ張るのは結局のところ女であり、)男ではない」

とほのめかす気配がある。つまり、女と女という「一」組のリレーションシップを語っているようで、女と女という要素だけでは成立しない構造になっているのだ。ちなみに、昨今のメディアでは「女が嫌う女」という主題が批判されながらもたびたび取り上げられ、炎上を繰り返している。

例えば、「紅一点」という言葉がある。男性の集団の中に女性がひとりいる状態を指す言葉だ。もともとは「有象無象に交ざる類まれな才能」という意味だったこの言葉はいつの間にか女性専用となり、一方で才能を表していた頃の名残なのか「本人にとってちょっと美味しい、悪い気はしない評価である」という感覚だけは染み込んだまま、なんとなく「紅一点」と呼ばれることは女性にとってもまんざらでもない扱いだろう、と解釈されてきた。この解釈は「特別扱い」から「ちやほやされていい気になっている」へと古典的な連想によって変容し、「いい気になっている紅一点（女）」に対して批判を投げかけるのは「いい気になりそびれた」女のはずだ、やはり女の敵は女だ、という主張をまことしやかに支えてきた。ちなみに、戦隊シリーズの女性メンバーは1975年の『秘密戦隊ゴレンジャー』以来、1981年の『太陽戦隊サンバルカン』（0人）を除き、1984年の『超電子バイオマン』までずっと一人きりだった。

――女が二人。

彼女たちの関係は、いずれ消えゆくまぼろし、または憎しみ、あるいはセンセーショナルでキュートなコンテンツに終始するのだろうか。この後語られる予定の、ストーリーの主軸のための布石として処理され続けるのだろうか。二人の人生は、そんなイージーな枠に収まりきるだろうか。ボーイ・ミーツ・ガールでシーンは動く。では、ガール・ミーツ・ガールでは？

彼女たちの繋がりによってもたらされる物語を辿り、エンドロールを追いかけてみたいと思う。

※このエッセイには取り上げた作品のストーリーのネタバレがあります。また、性加害や暴力に言及している箇所があります。

CONTENTS

CHAPTER 1

相手の形で自分の形を知るふたり

CHAPTER 2

もいり
てなた
れれふ
別別

CHAPTER 3

くびきから逃れるふたり

CHAPTER 1

相手の形で
自分の形を知る
ふたり

女の子たちの友情はベタベタしている。
女の子たちは、トイレへも友達と連れ立って行く。
女の子たちは表面上は仲良しでも、裏では悪口を言い、足を引っ張り合っている。
女の子たちの友情は恋が始まるとぎくしゃくする。
女の子たちは皆一緒でないと気が済まない。
女の子たちはお互いに監視し合っている。

女性たちが構築する人間関係は、今でも時々、こんな風に揶揄《やゆ》されることがある。これらの古典的な、ある種の思惑を持った「色付け」は文字にするとあまりにアホらしく、いっそ笑ってしまいそうなものだが、現実世界で思いがけず遭遇すると案外面食らう。

なぜならこれらの「色付け」が、「色付け」であるはずにもかかわらず、どういうわけか「結局は最後に立ち返るべき真理」として空気中に染み渡っているからだ。さらにこれらの「色付け」が、「色付け」にすぎないにもかかわらず、どういうわけか「女性の《本来の》の性質」に由来することになっているからだ。

面白おかしい「色付け」は連想され、転換され、そして実際にはいつどこでそう決まったのか分からないまま、

CHAPTER 1

相手の形で自分の形を知るふたり

友情がベタベタしているのは、彼女たちが女だからである。

トイレへも友達と連れ立って行くのは、彼女たちが女だからである。

表面上は仲良しでも、裏では悪口を言い、足を引っ張り合っているのは、彼女たちが女だからである。

友情が恋の始まりによってぎくしゃくするのは、彼女たちが女だからである。

皆一緒でないと気が済まないのは、彼女たちが女だからである。

お互いに監視し合っているのは、彼女たちが女だからである。

と無邪気に信じている人が今でも大勢いることを、揶揄された側の人は知っている。

思えば、この「色付け」が何の気なしに施されたその瞬間に、「ともだち」は普遍的な「ともだち」と、揶揄されるべき「女ともだち」に、無理やり分けられたようにも思える。それよりもずっと前には、ただ個としての「ともだち」しか存在しなかった。

目に見えない空気は無邪気な人々のくちびるから呼気とともに吐き出され、小さな彼女たちを気づかないうちに分類し、思惑通りに振る舞うように促し続ける。そして彼女たちが少しでも思惑通りの行動を取れば、すかさず「そういう年頃の女の子にはよくあること」「小さい子供でも、やっぱり女の子は女だね」「女の敵は女なんだね」と言い渡す。「女ともだちって、そういうものだよね」。宣告はいかにも真理らしく、再び彼女たちの体内に吸い込まれていく。

とはいえ、彼女たちはそんな風に宣告されたイメージから勝手に脱却することもある。目に見えない空気が彼女たちの形を捏《こ》ねまわして窯で焼き上げようとしている間にも、彼女たちはお互いの形を見つめ合っている。見つめ合っているといっても、期待されるような監視の目線とは限らず、ついでに微笑ましい視線とも限らない。映画『疑惑』（1982年公開／原作・松本清張）で桃井かおりさんと岩下志麻さんが赤ワインをかけ合い、お互いを嫌いなまま荒々しく繋がり続けているような、そんな「女ともだち」だっている。

「私って、こいつが嫌いだなあ」と相手を見つめることで自分の形が分かる時、その視線は深く狭く「個」であり、「女だから」というテンプレートで予定調和的に処理できるものは何もない。

「女の子たちはお互いに監視し合っている」なんて笑いが湧き起こる時、大抵、「なぜ女の子は女の子を見ている（ように見える）のか」という問いは忘れ去られている。

なぜ女は女ともだちを見るのか。それは目に見えない空気が、どうしたって目に見えないからかもしれない。

女ともだちが怒っているのを見て初めて、自分も「怒っていい」のだと気づいたから。

女ともだちが置かれている状況を見て初めて、自分が社会の中で同じ状況に置かれていると分かったから。

あなたのことをよく見ていると、「図と地」のように、自分の形まではっきりしてくるから。

だから彼女たちは、女ともだちをじっと見ていたのかもしれない。もちろん他の理由だって無限にあるだろう。その視線は深く狭く「個」であり、「女だから」というテンプレートで予定調和的に処理できるものは何もないのだ。

第1章は、相手を見つめることで初めて自分の魂の形を知ることができた、そんな二人のことから書きはじめたいと思う。

アリスと花

花とアリス

私とあなたは同じ人間じゃなかったけど

うちら最強。「うちら」が厳密にどういったメンバー構成で、「最強」が何との戦いにおける成績なのかは分からないけど、とにかく、うちら最強。

高校1年生の夏休み、私は親やクラスメイトには内緒で、インターネットで出会った同い年の女の子と人生初のオフ会をした。今思えば「子供が長期休暇にしがちな余計なことランキング」で1、2位を争うリスキーな行動だが、幸いなことに待ち合わせ場所には事前情報通りの人物が現れた（よかった）。ちょっとスレた感じの、でもはにかんだ、掲示板とメールでしか話したことのない初対面の女の子とウェンディーズへ行った。まだカタカナで「ウェンディーズ　ハンバーガー」と書かれた看板を掲げていた店内はほんのり薄

CHAPTER
1

相手の形で自分の形を知るふたり

暗く、大人や家族連れが真面目な顔で食事している。二人とも、間違っても「はじめまして」とか言わないように気をつけていた。私は「今、私たちって超ミステリアスじゃない？」と思いながら、同じく（私たちはもうインターネットで色んなことを話したから、喋らなくても通じ合えるんです）という態度で黙ってジュースを啜《すす》る女の子を見ていた。全ての筋書きが自分たちを中心に据えて展開されていくような、整えられたステージの気配。一人残らず刮目《かつもく》すべしという寵児《ちょうじ》の自負。彼女は私を「舞台に立っている気分」にしてくれた。あれが私の「うちら最強」だったかもしれない。

「舞台に立っている気分」というものを感じている間、世界は最も広がりに満ちている。何も知らなければ「自分とは誰か」なんて考えない。たくさんのことを知っていれば、自分の立っているステージをきちんと狭く把握できる。狭く、というのは悪い意味ではない。演出や音響や照明について仮説を立て、次回公演に確実に繋げられるし、観客がいなければ舞台は成立しないという鉄則も分かっている。

「舞台に立っている気分」は「何も知らない」と「たくさん知っている」のちょうど中間にある。世界の極限に気づいていなかった頃、自分に注目しない人間は思ったよりも多いと気づいていなかった頃、「週刊少年ジャンプ」を読むたび未知に興奮していた頃、世界は一番広く見えていた。だって今ではウェンディーズ・ファーストキッチンとなった清潔なファストフード店に、ミステリアスな客なんかいるはずがないことを私はもう知っている。

2004年に公開された岩井俊二監督の映画作品『花とアリス』には、黙っていても通じ合っている、ように見える女の子たちが登場する。

蒼井優さん演じるアリスこと有栖川《ありすがわ》徹子と、鈴木杏さん演じる荒井花は中学校からの親友で、バレエ教室仲間。アリスは通学電車で一目ぼれしたある高校の留学生を盗撮するために花を連れ回す。ストーキングに付き合わされているうちに、花は留学生と一緒にいた別の男の子を好きになる。数ヶ月後、男の子たちと同じ高校に進学した花とアリス。アリスはその頃にはもう恋のことなんかすっかり忘れていたので、花は一人で想い人の先輩を追いかけて落語研究会に入部し、再会を果たす。彼の名前は宮本雅志というらしい。

放課後、尾行する花の目の前で、本を読みながら歩いていた宮本先輩はシャッターにぶつかり転倒する。花はとっさに「先輩は私に恋をして告白したが、今頭を打った衝撃でそのことを忘れてしまった！　記憶喪失だ！」と嘘をつく。宮本先輩は花の嘘を信じ、二人はしばらくデートらしき行為を重ねるものの、いまいちしっくりこない。釈然としない宮本先輩はある日、花の盗撮した大量の写真を発見し、詰問する。追い詰められた花は「それは私の元友人であなたの元カノでもあるアリスが撮ったものです」と嘘を重ねてしまう。やがて宮本先輩は、自分の「元カノ」だというアリスに惹かれていく――。

花は結構、悪いヤツだ。息をするように嘘をつくし、平気で先輩のあとをつけたり、ピンチになったら即座に親友を売ったりする。両親の離婚を経験し、ややゴミ屋敷と化した家で奔放な母親と同居するアリスに比べて、鉢植えがぎっしり並べられ、母親が紀ノ国屋のエコバッグを愛用し、衣紋掛《えもんか》けがリビングに置かれた花の家は妙にコンサバティブに見える。誰かを失うかもしれないとか、壊れたらもう元に戻らないという発想が微塵もないという点では、花の方が守られているのかもしれない（『花とアリス』の前日譚として２０１５年に公開されたアニメーション映画『花とアリス殺人事件』では花の経験した喪失が描かれているが、「殺人事件」というタイトルが象徴するようにどこか喜劇じみている）。

そんなあどけなく、傲慢で、刹那《せつな》的で、乱暴な花にその場しのぎで利用されても、アリスは怒ることなく軽いノリで受け入れる。協力することが初めから決まっていたみたいに、自然に花の恋愛大作戦の一部となる。まるで最初から一つの意思のもと統合されていた、一人の人間のように。

とはいえ、二人のパワーバランスが偏っているわけではない。アリスは花といる時だけ軽快になる。街でモデル事務所にスカウトされたアリスは、花が当然同行してくれるものと思い込み、断られれば拗《す》ね、単身で挑んだオーディションでは全く自己アピールできずに落ちまくる。まるで一人の人間が半身をなくしたように。アリスは花といる時だけ「うちら最強」になれる。

一方、花は単独でもずっと最強状態である。アリスに何も相談せずに落語研究会に入り、好きな人を見つけ、いつの間にか（騙したとはいえ）交際している。アリスを嘘に巻き込んでおきながら、宮本先輩が記憶喪失という設定になっている事情もろくに説明しない。まるで一人の人間なのだから何となく分かるだろう、というように。

あれっ、言ってなかったっけ?

物語の途中で、この「あれっ、言ってなかったっけ?」という台詞は花の手を離れ、アリスのものになる。元カノとして、宮本先輩の記憶探しと称したデートに付き合い、「マー

君」と親しげに呼び、彼の方からも恋の始まりを示唆されていることをアリスは花に伏せていた。オーディションの結果がてんでダメなことも、離婚して離れてしまった父親が恋しいことも、先輩に父親の面影を見出しているうちにちょっと好きかもと思い始めたことも、アリスは全部黙っている。だから花は気づかない。ほとんど二人で一人だと思っていたアリスが、自分とは別の人間になり始めていることに。アリスはたぶん、意地悪で黙っていたわけではない。先に「お互いもう大人なんだしさ、いつまでもベタベタつるんでるのっておかしいじゃん」と言い出したのは花の方だ。まだ仲が良かった頃の両親との思い出を辿って訪れた海の家も取り壊されていた。時間が進んでいく。「うちら最強」が揺らいでいく。一つだったものが無数に分かれて、まるで最初からバラバラだったような顔つきになっていく。

『花とアリス』のフライヤーには「君、だれ?」というコピーが書かれている。これは花の仕掛けた記憶喪失の狂言に気づいた宮本先輩の台詞だが、私には花とアリスがお互いに感じた違和感のように思える(二人はお互いを「君」と呼び合っている)。ちなみに『花とアリス殺人事件』のフライヤーのコピーは「君、名前は？」。名前を聞いているということは、自分たちは別々の人間だと分かっているということだ。私たちは最初はバラバラだった。それからどんどんお互いを知って、ほとんど一つみたいになった。

だけど自分の一部だと思っていた友達は、実は知らない人間だった。今までは二人で一つの舞台に立っていると思っていたのに。同じレオタードを着て、同じシューズを分け合って、同じシニヨンを結っていたのに。カメラワークはいつも、線対称のように、反復するように、二人を一つの生命体として映していたのに。

アリスが「今日からマー君は私のもの。花は別れて」と言った時、花とアリスは決定的に「二人」になった。一人の男の子と同時に交際できないのは、私たちが全く別々の人間だからだ。私たちが一心同体なんかではなかったからだ。花とアリスは砂浜で摑み合い、転げまわる。喧嘩だってやっぱり一人ではできないのだ。

『花とアリス』に登場するサブキャラクターの女性たちは、なぜかものすごく「大人の女」だ。相田翔子さん演じるアリスの母親は恋に生きるために娘を隣の家の子という設定にしたり、週末に娘を追い出そうとする。キムラ緑子さん演じる花の母親は「荒井友美」という明らかに過ぎた青春の曲を想起させるアーティストと漢字違いの同姓同名で、過剰に古めかしい下着を装着させられている。広末涼子さん演じる雑誌編集者は、パートナーからかかってきた電話に生活感のただようカップルらしさを多分に湛《たた》えながら応対する。映画のラストシーン、アリスはオーディション会場で制服姿に紙コップで作った即席のトウシューズを履いてバレエを踊る。瑞々しい生命力を表現するアリスの不恰好なトウシューズに反比例するように、編集者の足元はシルエットだけでもはっきりと分かるくらい装飾的なヒールサンダルに飾られている。

コツコツとヒールを鳴らして電話から戻ってきた編集者は、アリスがオーディションに合格したのは「パンチラ」が決め手だったのだろうと苦笑する。アリス自身に「(下に何も穿かずに踊って下着が見えても）大丈夫です、減るものじゃないんで」という台詞が割り当てられていた「パンチラ」に、かつて「美少女」の代名詞だった広末涼子さんが性的な要素を付加する大人の役を担わされている。彼女たちは三人とも、少女だった頃を匂わせながら、「大人の女」のイメージを背負っている。

少女を「少（ない）女（＝女未満）」として扱うこと、「少（ない）年（齢の人間）」とことさらに分けて扱うことは、いずれ女になるであろう未来からの感傷を含んでいる。

「うちら最強」という言葉は、本人たちが言わなければ意味がない。「JK最強」と言う時、本当に自分たちを脅かすものとして恐れている人がどれくらいいるだろう。実際には全く危険ではないと見做《みな》しながらも、恐れているように振る舞うこと。インターネットで有名な「さっきマックで女子高生が〜」のテンプレートは、この世界で一番世界が狭くて力を持たない、でも人間としてイジっていい程度には成長した、それでいて性的に高嶺の花という点では持ち上げることもできる女子高生が二人以上いて、その閉じていて幼稚なはずの世界から、案外本物の世界の真理に近い指摘が出てくるという構造を面白がるためのものなのではないか。

「少（ない）女（＝女未満）」が「女」になる時、男が現れてその友情を終わらせるというテンプレートは、繰り返し繰り返し使われてきた。女の友情は男の出現によって終わる。友愛は恋愛の下位互換だから、いつも負ける。そんな粗いザルの目で濾《こ》されてきた。

花とアリスは袂《たもと》を分かち、別々の舞台に立つ。それは一見「女の友情に男が介入し、決裂した」ように見えて、案外もっと救いのある結末なのかもしれない。

花は先輩に記憶喪失騒動が嘘だったことを明かし、文化祭で落語の高座に上がる。一人で壇上に正座する花を、誰もいない客席からたった一人の観客としてアリスが見ている。公演を中断したがる花に、アリスは「一人いるよ」と無理やり続けさせる。

バレエを踊ったオーディション（パンチラによって勝ち取ったと揶揄されたオーディション）を経て有名雑誌の表紙を飾り、アリスは本格的に芸能界の舞台に上がる。アリスの載った雑誌を花は購入する。アリスはおそらく花にだけ、「せっかくデビューしたのに、決め顔が蚊に刺されていて最悪」と漏らす。

２０１７年、第30回東京国際映画祭で『花とアリス』が上映され、蒼井優さん、鈴木杏さん、岩井俊二監督がトークイベントに登壇した。観客から「花とアリスは今どうなっていると思うか」という質問が投げかけられ、三人がそれぞれ答える様子が映画ニュースサイトで報じられていた。岩井監督は「どこかで二人の関係が逆転してたら面白い」と回答したが、『花とアリス』には前日譚はあっても後日譚はない。

まるで一人みたいにいつも一緒だった二人が異なる道を歩いていくのは、少女時代の終わりなのだろうか。大人になったら「うちら最強」ではいられないのだろうか。「うちら最強」の終焉は悲しいことなのだろうか。

でも気づいたのだ。自分の顔は鏡がないとすみずみまで確認できない。ステージと客席に同時に立つことはできない。自分で自分のシャッターチャンスは狙えない。つまり二人で一人だと、お互いが舞台の上でくるくる回るところを、見られないのでは？

私たち、お互いの一番の観客としてやっていけば良くね？

私も二人の今を想像してみる。案外普通に友達をやっているような気がする。だって、まだ見てない顔、たくさんある。「うちら最強」は、「私たちってけっこういいじゃん」になっているかもしれない。

私、今度は世界のことじゃなくて、あなたのことが知りたいよ、もっと。

ロッテとルイーゼ

ふたりのロッテ

一番近い他人、一番遠い家族

私たちは全員、子供の頃にこう考えたことがあるかもしれない。

——あーあ、私、ふたごのきょうだいがいればよかったのに。あるいは、ある日突然、生き別れになっていたふたごの片割れが現れたらいいのに。

あるいは、こう考えたかもしれない。

——ああ、今すぐ私が二人に分裂したらいいのに。自分のことを一番よく分かっている、もう一人の自分と話せたら楽しいのに。そうしたら、自分で自分を慰めたり、励ましたり、勇気付けたりするのに。

第2話ではそんな「ふたご」という関係にある女の子について書こうと思う。（え、姉妹って友達なの？　友達みたいな姉妹、とかなら分かるけど……）と思われるかたもいるだろう。しかし「ロッテ」と「ルイーゼ」は、ふたごである前に友達なのだ。

ミュンヘン育ちの9歳の女の子ロッテ・ケルナーは、夏季休暇の間、ゼービュール村の「子どもの家」に預けられることになった。ロッテの母親は出版社の仕事で忙しい。自分一人の稼ぎで小さい娘を育てなければならないからだ。

村では一足先に休暇で訪れた子供たちが浮き足立ち、新しくやってくる子供たちを乗せたバスを待っていた。バスが到着し、ロッテがステップを降りると辺りは騒然となる。子どもの家には、ロッテと全く同じ顔をした女の子がいたのだ。名前はルイーゼ・パルフィー、ウィーン育ち。違いと言えば、ロッテがきっちりと結われた三つ編み、ルイーゼが巻き毛という髪型のみ。

ルイーゼは自分と同じ顔をしてのこのこやってきた新入りに腹を立て、意地悪をする。子どもの家の先生たちは仲良くするようにと諭し、ことさらに二人をペアにする。気が治まらないルイーゼは、しかし夜中に自分に背を向けて泣いているロッテに気づき、黙ったままそっと髪を撫でる。

急激に仲良くなった二人は自分たちが同じ土地で、同じ日に生まれ、ロッテには母親しか、ルイーゼには父親しかいないことに疑問を抱く。そして休暇の終わり、ロッテは髪をほどいてウィーン行きの汽車に、ルイーゼは髪を結ってミュンヘン行きの汽車に乗り込むのだった——。

——ふたご！

厚生労働省によると、2016年の日本における分娩件数は98万7654人。そのうちふたごは9998人、約1・0％の割合だ。この特別な関係は多くの芸術や文学にインスピレーションを与えてきた。ふたごを取り扱う作品は枚挙に暇《いとま》がなく、人々は作品の中で「ふたごならではの」シチュエーションを追い求めてきた。時には人間の拡張機能として、時には縮小機能として、ふたごという構造は物語に役立てられる。

例えば、『ミラクル☆ガールズ』（秋元奈美／1990〜94年／講談社）には、ふたごの「ともみ」と「みかげ」が揃わなければ使えない超能力が登場する。『宝石の国』（市川春子／

２０１２年～／講談社）では、左右対称の外見を持つふたご、アメシスト84・アメシスト33が完璧なフォーメーションで戦闘する。実在する人物なら「きんさんぎんさん」「マナカナ」「ＡＭＩＡＹＡ」など、ふたごは二人で1セットとしてプロモーションされるユニットが多い。「同じ【だから】」という文法で世界観が展開される。

反対に、ふたごの間の確執もしばしば描かれる。ローマ建国神話の「ロームルス」と「レムス」、旧約聖書の「エサウ」と「ヤコブ」、また『双生児―ある死刑囚が教誨師《きょうかいし》にうちあけた話―』（江戸川乱歩）のように、本来一人が享受するはずだった利権をめぐる、一人だったら起きようがなかった争い。『ＢＡＳＡＲＡ』（田村由美／１９９０～９８年／小学館）のように、どちらか一方だけが持て囃《はや》され、もう一方が忘れられる不平等性。『シャーマンキング』（武井宏之／１９９８～２００４年／集英社）には、対峙するべきラスボスとして、主人公のふたごの兄が登場する。ＴＨＥ ＹＥＬＬＯＷ ＭＯＮＫＥＹの楽曲『創生児』では自身の心を暴くもう一人の自分がふたごとも二重人格ともつかないキャラクターとして描かれる。この場合、ふたご関係にある相手は、最も近い距離から自分に働きかける脅威の役割を果たす。また、『ジェリー イン ザ メリィゴーラウンド』（安野モヨコ／１９９６～９８年／宝島社）のように、ふたごという設定が二人のコントラストやすれ違いを際立てるために用意されることもある。これらの物語では「同じ【なのに】」という文法が使われる。

そして「同じ【だったからこそ】」がキーワードとなるのが、『とりかへばや物語』や『だまっていればの花愛《かわい》ちゃん』（長谷川潤／1996年／集英社）、ウィリアム・シェイクスピアの戯曲『十二夜』のような、「ふたごが入れ替わる」という物語である。


「ロッテ」と「ルイーゼ」のふたごが入れ替わるエーリッヒ・ケストナーの児童文学のタイトルは、『ふたりのロッテ』。原題Das doppelte Lottchen（二重の、ダブルのロッテ）だ。

彼女たちは夏季休暇の後、お互いの家へ、お互いのふりをして帰っていく。そこで初めてロッテは父親のパルフィー氏、ルイーゼは母親のケルナー氏と対面し、自分たちの知らない間に失われていた家族の全貌を知る。

9年前、音楽を生業《なりわい》とするパルフィー氏は、自分の芸術性を重んじるあまり出産直後の妻と泣き続ける新生児二人を置き去りにして、アトリエに篭《こ》もり続けていた。全然帰ってこない夫がアトリエで仕事仲間の女性たちとまんざらでもない感じになっていたことを知ったケルナー氏は激怒し、離婚の運びとなった。両親はわが子を一人ずつ引き取り、それぞれの暮らしに戻ることを決める。ミュンヘンとウィーンを隔てる430㎞という距離は二人の心を穏やかにした。しかしふたごは、自分たちが引き離されたことさえ知らせてもらえなかったのだ。

先ほど挙げた作品や、その他のふたごモチーフを取り扱う作品では、しばしば「二人が同一であることによってアイデンティティが揺らぐ」という問題が起こる。同じ【だから】個人に注意が払われない、同じ【なのに】格差がある、同じ【だったからこそ】独立に痛みを伴う、などの課題をキャラクターたちは乗り越えようとする。

（話はそれるが、私が高校生の頃、中高エスカレーター式の学校に、高校編入の生徒が数名入学してくることがあった。みんな中学の三年間で退屈していた。新しい生徒たちは新鮮で無責任な興味をもって迎え入れられ、とりわけそのうちの一組のふたごに視線が集中した。それまで私たちの学年にふたごはいなかった。彼女たちはしばらくの間、「ふたごってどんな気分？」「どちらかに危機が迫ったら第六感で分かったりする？」と、生まれてから100億回は聞かれたであろうファンタジーな質問に晒《さら》された。『ふたりのロッテ』の子どもの家とは違い、思慮深い教師たちによって二人のクラスは分けられた。級友に取り囲まれるふたごの一方が「そんな特殊能力は漫画だけだよ、そんなに仲良いわけじゃないし、よく分からない」と律儀に答える声が休み時間に聞こえていた）

ロッテとルイーゼには、アイデンティティの揺らぎは発生しない。彼女たちはたしかに最初はギスギスしていて、ルイーゼはロッテの足を蹴飛ばしさえした。何の理由もなく自分と同じ顔が存在している状況は、彼女たちにお互いを「自分の世界を侵食し、1／2に縮小させてしまう」侵略者のように感じさせたのかもしれない。しかしお互いの情報を開示していくにつれ、自分たちはふたごなのではないかという仮説が立てられる。ロッテは母親の、ルイーゼは父親の写真を見せてあげる。この時点で、不穏な侵略者は「自分の世界を2倍に拡張してくれる」援護者となった。

二人は、「家族だから」仲良くなれたのだろうか。実は、血縁関係の疑惑が浮上するシーンは彼女たちが打ち解け合うシーンよりも後だ。泣いているロッテの髪をルイーゼが撫でるという行為によって膠着《こうちゃく》状態が解かれ、ロッテがルイーゼの頭に花冠を載せるという行為によって親密さが強固になった。和解のシーンは、激しくは描かれない。黙ったまま、阿吽《あうん》の呼吸のような、「間《ま》」のようなものによって、二人は静かに同質化する。

人知れず泣いているロッテの髪を撫でた時、ルイーゼは少なからず彼女に自分の姿を重ねていたのではないかと私は想像する。ルイーゼが感じたのは「親元を離れて寝泊まりする少女を襲うホームシック」による、あどけない親近感だけではない。

両親は基本的に子供たちを愛してはいるが、時折、子供の存在が彼・彼女にとって重荷となっているようにも描写される。パルフィー氏は離婚の原因となった芸術活動を今も続けていて、生活から脱却して一人になるために自宅から離れたアトリエに篭もりがちである。ケルナー氏は激務の職場で働いていて、家のことを娘に任せきりだ。やや利己的な面が目立ち金銭的にも恵まれているパルフィー氏に対して、ケルナー氏が忙しく働いているのは娘との生活費のためでもあるし、一緒にいないから優先順位が低いなどと他人が批判することはできないが、ロッテとルイーゼ自身が全く寂しさを感じていなかったとは言いがたい。

自分一人が愛する人の重荷になっていると後ろめたく感じている時に、自分と同じように暗闇の中で隠れて泣いている子に出会うことは十分に救いになり得る。自分だけが寂しいのではなかったのだ。寂しい子が、ここにも一人いたのだ。その子が自分のために花冠を編み、頭に載せてくれるなら、なおさらだ。この時二人は「1／2」でも「2」でもなく、「1×2」であった。

ふたごは「ロッテ」と「ルイーゼ」という名前だが、この物語のタイトルは『ふたりの《ロッテ》』である。なんだか、ロッテに比重が偏っている。タイトル通り、作中での働きも少しロッテの功績が勝っている。

ロッテがルイーゼのふりをしてウィーンへ戻った時、パルフィー氏には懇意にしているイレーネ嬢という若い女性がいた。パルフィー氏の才能と名声と資産はイレーネ嬢にとって魅力的な点であり、反対に、小さな娘の存在は疎ましい点だった。ロッテはイレーネ嬢と初めて邂逅した日に危険を察知し、悪夢を見る。夢の中では心配事が様々なモチーフとなってロッテに――ロッテとルイーゼに襲いかかる。ロッテは、ルイーゼと一緒に眠っていたベッドを父親にノコギリで切り裂かれ、母親のもとに置き去りにされる。母親の腕の中で彼女は「自分でも自分がどっちかわからなくなっちゃったわ！　ああ、かわいそうな、もう一人のあたし！」と叫ぶ。

イレーネ嬢はパルフィー氏をそれとなく焚きつけて自分に求婚させるが、ルイーゼ（に扮するロッテ）は激しく反対する。ロッテにとって、ロッテとルイーゼの母親はイレーネ嬢ではなくケルナー氏だからだ。美しいイレーネ嬢は「結婚したら、ルイーゼは全寮制の学校へやってしまおう」といかにもヒールらしい算段を立てる。ルイーゼ（に扮するロッテ）は父親に直談判し、イレーネ嬢にも立ち向かうが、取り合ってもらえない。思いつめたロッテは病気になり衰弱する。ミュンヘンのルイーゼはロッテからの手紙が途絶えたことを心配する。

その頃、ケルナー氏は偶然、ロッテとルイーゼが二人で写っている写真を入手し、休暇後のロッテ（に扮するルイーゼ）の挙動のおかしさを思い出し、全てを理解していた。母とルイーゼはウィーンに駆けつけ、安心したロッテは回復する。娘の体調不良に対するイレーネ嬢の態度に立腹したパルフィー氏は、彼女と縁を切る。

ふたごの誕生日、ロッテとルイーゼは「これからみんないつも一緒にいられるように」してくれることをプレゼントとして求める。両親は背中を押され復縁し、物語は終わる。

ロッテが熱にうなされている時、ルイーゼは都市伝説の中のふたごのように、片割れの危機を察知したりはしない。ただ約束していた郵便が来ないことを心配するばかりだ。彼女はロッテから手紙を貰うまで、イレーネ嬢の存在さえ知らなかった。

ロッテは一人で戦わなければならなかった。一人でイレーネ嬢の動向に目を配り、父親のアトリエを自宅の近くに移そうと画策し、再婚しないでほしいと主張し続け、自分の身体を危険に晒してまでも訴えかけた。

しかしルイーゼの方も、ロッテにはできなかったことをいくつか成し遂げている。以前からロッテが心を痛めていたクラスのいじめを暴露し、母親に「娘は寂しがっている」ということを認識させ、ピクニックへ連れ出すことに成功した。今まで、忙しすぎて母娘でピクニックへ行ったことなんてなかったのに。

——もしあの夏の休暇がなかったら?

世界のどこかに自分と同じ気持ちでいる女の子が生きていて、父親または「ほんものの」母親がいるなんて露ほども知らないままだったら。なんだか傷ついたような、でも泣き出すほどではないような、認識さえしていなかった感情に気づかないままだったら。きっとルイーゼは新しい母親(イレーネ嬢)の人間性にムカつきながらも、抵抗する術を持たなかっただろう。ロッテは母親の前でしっかりした、何も心配のない「小さい主婦」であり続けただろう。

二つの人生は偶然交差し、強固に連なった。ロッテが一人で抗議し続け、場を動かすことができたのは、もう一人の自分が、あるいは友達がいたからかもしれない。自分一人の人生なら、諦めて、しぶしぶ呑《の》み込んでしまっていたかもしれない試練に、彼女はめちゃくちゃに抵抗した。だって今ここで自分が諦めたら、ルイーゼの人生までもが狂ってしまう。

ロッテは夢の中で「自分でも自分がどっちかわからなくなっちゃった」と叫ぶが、結局のところ、「どっちかわからなくなっちゃっ」て困るのは誰かというと、ロッテとルイーゼ本人たちだけだ。両親は自分のもとにいる一人に集中していればいい。子どもの家の友人たちはふたごの入れ替わりを楽しんでいるし、たとえ間違えてルイーゼの三つ編みを引っ張ってしまっても、喧嘩っ早い彼女に頬をぶたれるだけだ。ルイーゼに懐いていた犬のペペールはカツレツの骨で懐柔された。悲しい顔をするとすれば、ルイーゼの好物でありロッテの苦手とするところのオムレツを張り切って給仕してくれるボーイのフランツくらいだ。

しかしロッテは、ルイーゼは困る。

ケルナー氏のファーストネームはルイーゼロッテ。ルイーゼとロッテは一つの名前から二つに分かれた。自分と名前を分け、同じ寂しさに苛まれ、知らされなかった世界を今日まで守ってきてくれた相棒。自分の世界を倍に膨らませてくれたパートナー。自分がどちらか分からなくなってしまったら、その半身のことも失ってしまうではないか。ロッテの見た悪夢はルイーゼと出会っていなければ見る必要さえないものだったが、もしもルイーゼと出会っていなければ、その悪夢に二人で登場することもできなかったのだ。

あなたを知ったから、自分が何を失っていたか、何を欲していたのか、知ることができた。あなたは全く私だ。と同時に、少しも私ではない。私ではない角度から私を知らしめてくれる、私の全然知らない、だけど絶対に無関係ではない世界に連れて行ってくれるあなた。そして、あなたにとっても私も「そう」である。私たちは、もっと一緒にいるべきなんだ。

こういうことは、たぶん、血を分けたふたごに限ったことではない。顔が違っても、出自が違っても、名前が違っても、魂のふたごのような君。

村の写真店のアイペルダウアーさんがシャッターを切った時に、自分がどちら側に座っていたか、ロッテとルイーゼは思い出せない。だけどこの写真の中でだけは、「どっちかわからなくなっちゃっ」ても問題ない。だって、二人とも微笑んでいる。

私が泣いていた時、あなたも泣いていた。私が生き延びたことであなたも生き延びた。

あなたが生まれた瞬間に、私も生まれた。私とあなたは同時に大人になった。

二人の誕生日を今年も祝おう。ケーキは二つ用意する。私たちはDas doppelte Lottchen、
1／2ではなく、ダブルなのだから。

ミランダとアンドレア

プラダを着た悪魔

人間としての上司、あるいは「あなたをロールモデルにしない」というロールモデル

20代のある夜、私はオフィスのエントランスに立ち尽くしていた。目の前に一人の先輩社員が立っている。当時勤めていた会社で私の部署異動が決まった日だった。昨日は終電で帰宅し、数時間後には朝7時からの会議に出席するためにスーツに着替えていた。いや、昨日は電車がなくなってしまって、タクシーで帰ったんだっけ？　記憶がない。今だってそろそろ日付が変わろうとしている。とにかく1秒でも早く帰って眠りたい。

帰りたいのに、やっかいな「先輩」が薄暗いオフィスの自動ドアと私の間に立ちはだかった。何か喋っている。ところどころ聞き取れなかったが、どうやら「お前が営業なんかできるはずがない」「俺の下にいなければお前は成長できない」と言っているようだ。え、今？

オフィスから最寄り駅まで徒歩7分。終電って、24時10分だったかな？　20分？　10分だとまずい。先輩はまだ喋っている。「お前のことは俺が一番分かっている」。

それは嘘だ。だって先輩、今私が考えてること分かってなくないですか？　24時01分。02分。終電、やっぱり10分発だったような気がしてきた。

もうダメだ。

右手に持っていた傘をエントランスの壁に向かって投げる。コンビニで買ったビニール傘はつやつやした石の壁に当たって跳ね返り、落下した。朝からビニールの襞《ひだ》に閉じ込められていた不衛生な水滴に先輩が気を取られている隙に、私は彼を押し退けて小雨の中へ飛び出し、駅に向かって走り始めていた。

携帯電話は6時15分に鳴る。私のではなく、２００6年公開の映画『プラダを着た悪魔』（デヴィッド・フランケル監督）に登場する携帯電話だ。

電話の持ち主はアンドレア・サックス。大学を卒業し、ジャーナリストになるためにニューヨークへ越してきた。料理人として修業中の恋人、ネイトと同棲している。

非常識な時間にコールしてくるのは超大手ファッション誌「ランウェイ」編集部で働く先輩社員、シニア・アシスタントのエミリー・チャールトン。用件は急遽、変更になった企画に対応するための早朝出社の要請と、「ランウェイ」編集長のミランダ・プリーストリーのためにモーニング・コーヒーを買ってくること。泡なしのノン・ファット・ラテ、ダブルを熱々で。

ミランダはオフィスで誰よりも恐れられている。ミランダが予定より早く出社するだけで社員は全員必死で身だしなみを整えて「戦闘態勢」に入らなければならないし、ミランダの期待に応えられなければ速攻で機嫌を損ねる。過去にはカール・ラガーフェルドからの電話に出そびれたために解雇された者もいる。

ミランダの影響力はオフィスの外、ファッション業界全体にまで及ぶ。多くのデザイナーが彼女の顔色一つでコレクションを変更し、特注のデザインを捧げる。「ランウェイ」は最も力を持った雑誌であり、その編集部で働くことに誰もが憧れている。

……ただ一人、アンドレアを除いて。

アンドレアだけは、別に「ランウェイ」で働きたくなかった。というか、バックナンバーを読んだこともなければ、編集長の名前さえ知らなかった。もとより服に情熱を傾ける性質ではない。手当たりしだい履歴書を送って、唯一返事があったのが「ランウェイ」を擁するイライアス＝クラーク社だっただけだ。アシスタント業務は雑用だけどこの際構わない。どうやら有名らしいミランダの下で一年働いてハクをつけ、それを踏み台にジャーナリストの仕事に就いてやる。

ミランダを始め、先輩のエミリーや同僚たち、ディレクターのナイジェルらに「異様にダサい新入り」と冷笑されても、アンドレアは自分を変えるつもりはなかった。

ほとんどのファッション業界と、ファッション業界を取り巻く出版業界がそうであるように、「ランウェイ」編集部も凄まじい激務だ。部内には「生活が全部崩壊したら昇進」という通説まであるらしい。

ミランダからの横暴なコールの中には、本来の業務に関係ないものも大いに含まれている。ミランダのふたごの娘の忘れ物を届けたり、家具を買ったり、犬を迎えに行ったり、コーヒーを調達したり。アンドレアは命令に疲れ、少しも労《ねぎら》ってくれないくせに失敗した時だけは非情に責め立てるミランダを「悪魔」と呼ぶ。

パワーハラスメントに対する解像度は、映画公開の2006年から今に至るまでの15年の間に随分高まった。つらい時に助けを求めたり、職場を離れて安全な場所へ避難することの重要さは、15年前に比べると随分認知されるようになった。

しかし映画公開から数年後の2000年代後半、社会人になったと同時にあまり志が高いとは言いがたいチームに放り込まれた私は、この「ランウェイ」編集部の働き方を羨ましいと思ってしまった。

ミランダはアンドレアを特別に迫害しようとしているわけではない。というよりは、アンドレアを特別に気にするための時間を持っていない。

彼女はアンドレアを採用するずっと前から、日常生活を編集部メンバーにアウトソーシングして、雑誌のブラッシュアップに充《あ》てる時間を捻出するスタイルを取ってきた。編集部メンバーは負担と成果物の精度を天秤にかけ、編集長の日常生活のケアを選んだのかもしれない。彼女に所用ができるたびに、喉が渇くたびに、オフィスを抜け出て家やスターバックスへ向かわれるより、デスクにいてもらった方が効率が良い。その方が、雑誌の完成度は上がる。ミランダ個人が派手なので突出して目立っているが、実は全員で「ランウェイ」という一つの大きな生命体なのだ。

この「全員で一つの大きな生命体になれる」ことが私には羨ましかった。どうせ帰りが遅くなるのなら、良いものを作るために遅くなりたい。冒頭の先輩社員との会話から察していただけると思うが、チームメンバー、とりわけ目上の存在のケアを余儀なくされた上に、その人と心がすれ違っているのはかなりきつい。どうせ激務なら自分と同じ方向を向いている人と働きたい。「真摯でない仲間とこなす納得感のない激務」よりは「真摯な仲間とこなす納得感のある激務」の方がまだ良いかもしれない……。と当時の私は思ったのだった。もちろん、正常な判断ができるほど健康な状態で／自分の自由意思が本物かどうか時々疑うことのできる環境で／その都度、安全確認ができるのであればの話だ。

アンドレアもそう思ったかどうかは分からないが、ナイジェルに叱咤《しった》されたことをきっかけに、彼女は自分もミランダと同じものを見ようと考え直す。ファッションの現場で働くなら、扱っているものに興味を持とう。自分の感覚で良し悪しを判断できるようになろう。手始めに、アンドレアはナイジェルの助けを借りて自身の服装と髪型を刷新する。

主体性を持ったアンドレアをミランダは初めて名前で呼ぶのだった。

案外、編集部のメンバーは憎めない人たちだ。エミリーやその同僚（ジゼル・ブンチェンが演じている）は、さんざんコケにしていたアンドレアがおしゃれに変身した瞬間、反射的に「えっ……いいじゃん……」という顔を隠せなくなる。ミランダも変身後のアンドレアを何度も横目で見つめ、「悪くないじゃない」という表情で全身をスキャンする。ファッションに真摯で、仕事にプライドを持っているから、個人を攻撃する前におしゃれにひれ伏してしまうのだ。

それは素晴らしいことでもあり、同時に視野の狭いことでもある。

「ランウェイ」編集部は基本的にルッキズムに支配されている。ミランダはモデルに起用する落下傘部隊の女性（おそらく職業モデルではなく一般人）を「すごく不細工」だから使えないとぼやき、「美人で細身の」落下傘兵を探すように、と命じる。産休を取ったモデルのグウィネスについて「出産後痩せたかしら？」と心配する。登場人物の中で最も人格者と思しきナイジェルでさえ、しばしばアンドレアが「サイズ6」（日本のLサイズまたは11号）であることを批判する。

彼らはある意味では追求し続けていて、ある意味では思考停止している。

『プラダを着た悪魔』がややこしいのは、舞台がファッション業界であるところだ。ファッションはいつも軽くて移り気なものだと思われる。

アンドレアは激務ながらも自分で仕事と生活のバランスを決め、悩みながら変化していく。だけど、恋人のネイトや友人たちは、アンドレアは洗脳されて頭がおかしくなったと思っている。もしも仕事の分野がファッションでなければ、彼らはもっと親身になってくれただろう。ネイトの誕生日をすっぽかした夜だって、アンドレアがドレスではなくどろどろに汚れた作業着で帰ってきたなら、彼は許したかもしれない。

アンドレアがミランダのために苦労して用意したステーキを「要《い》らない」と拒絶され、腹を立ててエルメスの皿ごと肉を捨てるシーンがあるが、その頃、ネイトは職場の厨房で肉を焼いている。肉を捨てるアンドレアは、なるほど、ミランダに洗脳されて資本主義の犬になったかのように見えるかもしれない。

ファッションの煌《きら》びやかさがチカチカと光って、ネイトや友人たちとの断絶の理由を眩《くら》ませる。

ネイトはもう、アンドレアがくだらないファッション業界に染まって浮かれている（ように見える）のが嫌なのか、単純に恋人が自分との生活よりも仕事を優先していることが嫌なのか分からない。分からないまま「君が付き合ってるのは、呼ばれれば必ず出るその相手だ」と背を向ける。

アンドレアは傷心を抱えて、ミランダと共にパリ・コレクションに参加するためにフランス行きの飛行機に乗る。

ファッションの「軽薄さ」。職場環境の苛烈さ。それらを選んでいるという自負。破局の原因がいったいどれなのか厳密には解明されないまま、その全てをミランダは象徴させられる。彼女は巨大産業と小さき労働者を牛耳る、黒幕の役割を与えられている。

しかしどれだけシンボル化されようと、ミランダはただの人間なのである。

アンドレアの破局と同じタイミングで、ミランダもまた数人目の夫から「家庭を顧みない」という理由で離婚を突きつけられていた。家庭を顧みず、自分で仕事と生活のバランスを決めたという罪によって。

きっと新聞は「猛烈女、仕事を優先」とか「雪の女王、またMr.プリーストリーを追い出す」と見出しをつけるだろう。自分はどう書かれようと構わないが娘たちがかわいそうだ、とミランダはふとアンドレアに弱気な言葉を漏らす。化粧を落とし、サングラスを外したその顔は随分と頼りない（ちなみにこの映画のメインビジュアルは、ミランダがアンドレアにサングラスを手渡そうとしているシーンだ）。

何かできることはないかと聞くアンドレアに、ミランダは「仕事して」と呟く。

そう、仕事をするしかないのだ。彼女と繋がるためには。人間として頼られるためには、人間として支えるためには、人間らしさを排除して猛烈に働くしかない。アンドレアはその事実に微かな喜びを抱く。

同時にこうも思う。

——もしも男だったら、仕事ができるってこと以外、何も言われないはずなのに。

アンドレアはミランダに憧れない。

全くの無知に始まり、嫌悪を経て、役に立とうという気概や親愛の情を抱くまでになるが、崇拝や憧憬を抱くことはない（そういえば久保帯人先生の漫画作品『BLEACH』に「憧れは理解から最も遠い感情だよ」という台詞があった）。

アンドレアは有名ジャーナリストであるクリスチャン・トンプソンに気に入られ、たびたび目をかけられる。ミランダを擁護するアンドレアを、彼は「（まじめにジャーナリストを目指していた少女が）ダークサイドに堕ちたな」とからかう。皆、アンドレアが一人の人間としてミランダを尊重しているなんて想像もしない。

クリスチャンを通じて、イライアス＝クラーク社内部に「ランウェイ」からミランダを追い出すクーデターが起こりかけていることを知ったアンドレアは、必死で走り回り、ミランダに危機を伝えようとする。気に入られたいとか、恩を売りたいという動機からではない。ミランダが傷つくだろうと思ったからだ。

アンドレアの心配をよそに、ミランダはナイジェルを犠牲にしてあっさりクーデターを回避する。ピンチは自力で乗り越えられたが、知らせようとしてくれたアンドレアの誠意はミランダの心を打った。

自分に思いを馳せてくれたたった一人の子。人間扱いしてくれた、たった一人の子。あ

なたは私に似て「人が何を求め必要としてるか、それを超えて自分のために決断できる人」だ。

しかし皮肉なことに、ミランダが心を開いていくその瞬間、彼女がナイジェルを裏切った事実によってアンドレアの心は閉ざされようとしていた。

「あなたのような生き方をしたくない」と反発するアンドレア。

ミランダは幾ばくかの親愛の情を込めて、アンドレアだって本当はパリに行くはずだったエミリーを押し退けてここにいるんじゃないか、そうやって先へ進もうとするのはこの世界で生きるために必要不可欠な決断ではないかと静かに笑う。アンドレアは「私はこの世界を望んでいない」と言い、ミランダは「Everybody wants to be us.」と言う。

ふいに、二人の乗った車が停まる。ファッションウィークのショー会場に着いたのだ。

カメラのフラッシュを浴びるミランダに、アンドレアは背を向ける。会場から立ち去ろうとするアンドレアのバッグの中でいつもの着信音が鳴り響く。置いていかれたミランダが呼んでいる。アンドレアは携帯電話をコンコルド広場の噴水に放り投げた。

Everybody wants to be us――みんな私たちみたいになりたいと思っている。この「私たち」は「私」だった台詞を、ミランダを演じるメリル・ストリープ氏が変更させたとのことだ。私たちとは何を指すのだろう。「ランウェイ」という雑誌を作るための一つの大きな生き物だろうか。それとも、やっと出会えた「人が何を求め必要としてるか、それを超えて自分のために決断できる人」の共同体だろうか。どちらにしてもそこにアンドレアは含まれていた、あるいは、今後含まれる予定だった。二人はもっと一緒に仕事をするはずだった。

帰国後、アンドレアはイライアス＝クラーク社を退職する。転職活動で応募した会社には、なんとミランダが口添えしてくれていた。

ネイトは新しい仕事のためにボストンへ行くと言う。ボストンとニューヨークは飛行機で1時間ちょっと。会えない距離ではないけれど、これから二人がよりを戻すかどうかは分からない。だってアンドレアの「形」は決まったばかりなのだから。

『プラダを着た悪魔』原作者のローレン・ワイズバーガー氏がかつてアメリカ版「VOGUE」編集長のアナ・ウィンターのアシスタントをしていた経歴から、（作者本人は否定しているが）ミランダのモデルはアナではないかと推測されている。アナ・ウィンターは原作刊行時54歳。大学を卒業したてのアンドレアはおそらく20代前半から半ば。二人の年齢差は登場しない母親と娘と同じくらいだ。

プライベートに支障をきたすほど忙しい日々。ミランダの下にいる限り、「ミランダガール」と呼ばれ続ける。ずっと「ランウェイ」編集部にいれば自分の望む記事は書けない。

もしかすると、これらの要素はいわゆる「母殺し」の条件を満たしていたかもしれない。だけどアンドレアはミランダを殺さない。彼女が巨大産業の権化《ごんげ》でも、ファッションの象徴でもなければ、母親というペルソナでもなく、ただの一人の人間であることを知っているからだ。

一度だけ、アンドレアは街でミランダを見かけた。相変わらずの冷たい視線。だけどももうムカついたりしない。

「ミランダのようになりたくない」と分かったことで、アンドレアは何になるかを決められた。「ミランダをロールモデルにしない」というロールモデルを得て、「図と地」の地が埋まったように、アンドレアの未来は白く浮かび上がった。

あなたのようにはなりたくない。ならない。あなたと同じ道は歩けない。同じ方向を向くこともできない。

だけどあなたとの経験によって私は目覚めた。

さようなら。私は仕事をします。

そしてあなたとは全く別の世界の、全く別の何かに、いつかなってみせるのです。

みちる と はるか

美少女戦士セーラームーン

あなたが生きていてくれるから、世界を愛することができる

例えば、ほとんどキスと言える距離で頬のうぶ毛がきらめくのを眺める。床に落ちた午後の光の中、まだ眠っている身体がゆったりと折れ曲がるのを眺める。柔らかい毛布は豊かに余って、温められた空気に膨らんでいる。

例えば、名前を呼んで、その名前はほんとうにあなたのものかと聞くと「そうだ」と答えられる。触れた皮膚から血管の脈打つ音が小さく震えて伝わってくる。そして同じように自分の血管を探す指があることを、全く予想外に施されたゆるい握力から窺い知る。

思い浮かべるだけでたまらなくなる人が目の前に確かに存在し、その事実に胸を打たれ、

しかも相手の方でも自分の存在に感じ入り、胸を打たれているらしい。同じ時代の同じ地球《ちきゅう》に生まれ、奇跡的に出会い、離れがたい人が離れられない人である事実に気づくことができ、さらに相手にとって自分もそうであるらしい。そんな運命的偶然が起こったら、幸福に満たされて底なしの力が溢れてくるだろうか。かえって恐ろしい想像に取りつかれて、不安になるだろうか。

海王《かいおう》みちると天王《てんおう》はるかは、お互いを最も大切な存在だとなるべく思わないようにしていた。どうせ思ったところで、最も大切に扱うことなんてできないと分かっていたからだ。二人にとって、最も大切にしなければならないのははるかでもなく、みちるでもなく、「世界」だった。迫りくる沈黙、すなわち滅亡から「世界」を守ることが最優先事項だった。なぜ、そんなにも重すぎる優先順位をつけざるを得ないのか。それは彼女たちが、セーラー戦士だったからだ。

現代日本では『美少女戦士セーラームーン』を知らない人を探す方が大変そうだが、念のため説明すると「セーラー戦士」とは惑星の守護のもと変身し、敵と戦うソルジャーでありガーディアンである。１９９２年２月から武内直子先生による原作漫画の連載が、同３月からテレビアニメ放映がスタートした。ここでは主にテレビアニメについて書こうと思う。

タイトルロールでもあるセーラームーン、こと月野《つきの》うさぎはドジで泣き虫だが、実は前世では月の王女、プリンセス・セレニティだった。現代の地球に転生したうさぎは、前世でプリンセスを護っていたセーラーマーキュリー（水野亜美）、セーラーマーズ（火野レイ）、セーラージュピター（木野まこと）、セーラーヴィーナス（愛野美奈子）と巡り合い、次々と迫りくる敵を倒していく。「愛と正義のセーラー服美少女戦士」が合言葉だ。

海王みちると天王はるかは、シリーズ３作目となる『セーラームーンＳ（スーパー）』から登場する。みちるの守護星は海王星、コードネームはセーラーネプチューン。はるかの守護星は天王星で、変身後はセーラーウラヌスと呼ばれる。間違えようもなく五人と同じ「セーラー服美少女戦士」ではあるのだが、ネプチューンとウラヌスは「愛と正義」とはかけ離れた振る舞いを見せる。

刻一刻と迫る滅亡を阻止するには、罪のない一般市民の体内から「ピュアな心」を取り出し、「タリスマン」というアイテムを見つけ出さなければならない。ピュアな心を抜き取られた人間を放置すれば、いずれ死ぬ。二人はそれを分かっていながら、世界を救うためには犠牲者を出しても仕方ないというスタンスで行動するのだ。冷徹で非情に見える信念は、まだ「タリスマン」の存在を知らないセーラームーンたちとの対立を招く。そこへ「タリスマン」を狙う敵の組織「デス・バスターズ」が刺客を送り込んできて、三つ巴《どもえ》の状態となる。

大きな救済の前に小さな犠牲を厭わないみちるとはるかは、しかし生まれついての冷徹・非情というわけではない。彼女たちの精神は追い詰められていた。何もかもが砕け散っていく恐ろしい予知夢に悩まされ、次の戦闘では怪物になった人間を殺してしまうかもしれないと怯え、親しい人が狙われても見殺しにしなければならないことに葛藤する。劇中では描かれていないが、セーラームーンたちと出会う前に助けられなかった命がある可能性も否めない。

だからなのか、ネプチューンとウラヌスはペシミスティックな表情を浮かべ「自分たちの手は汚れている」「誰を犠牲にしても後悔しない」と独りごとのように、自分に言い聞かせるように繰り返す。

みちるが「ばら色の未来を信じて次の世代に夢を託す、そんな生き方もあるのね」と言えば、はるかが「だが僕らには時間がない」と言う。彼女たちには未来もなく、託す仲間もいなかった。たった二人きりで戦って、二人きりで世界に振り回され、二人きりで覚悟を決めた。

過酷な運命に翻弄されながら、みちるとはるかは「私立無限学園」に通う高校1年生として、学校生活も送っている。こう書くとささやかな休息のように思えるが、彼女たちの高校生活は全くもってささやかではない。

テレビアニメ版において、みちるは有名な画家で、かつ著名なバイオリニストでもある。はるかは中学生の頃から天才的な陸上選手として名を馳せ、レーサーで、かつピアニストでもある。優雅で気品に満ちたみちるは道を歩けば少年に花束を渡され、アイドルに口説かれ、作品や音楽のファンに握手を求められる。中性的、あるいは男性のような服装に身を包んだはるかはしばしば女の子にモテまくり、高校生だというのにオープンカーを乗り回す。余談だが、浴衣でお祭りに出かけたり、プールでのんびりしたり、割と楽しく暮らしている一コマも見られる。原作には二人がヘリコプターで通学する様子まで描かれる。とにかく非凡で、セレブリティで、華やかで、ゴージャスだ。

二人が登場する時には、必ずロマンティックなSEが流れる。みちるははるかに寄り添い、はるかはみちるの腰に手を回す。それを見たうさぎたちや周囲の人々は「大人のムード」「お似合いのカップル」などと賞賛し、あまりの二人の世界に気圧《けお》されつつも、絵になる様子にうっとりとため息をつく。要するに、二人は常にメロドラマしており、もっと言えばいちゃいちゃしている。

牧歌的にいちゃいちゃしているだけではなく、露骨に性的なムードを示唆する台詞も随所にちりばめられている。はるかが「今夜は帰さないぜ」「寝言はベッドの中でしか聞かない」と囁き、みちるが「（着替えを）手伝って?」「大人になった方が楽しいことがいっぱいある」と呟く。ちなみに原作でははるかは女性と男性、両方の性を併せ持つ存在であり、シーンによって女性っぽくも男性っぽくも描かれる（物語が進むにつれ比重としてはいわゆる女性的な装いが増える）。テレビアニメ版よりもうさぎとの情愛が強調されているが、みちるとはるかは変わらず「理想のカップル」と羨望の眼差しを浴びまくっている。

彼女たちのこのムードは『セーラームーンS』に始まり、シリーズ続編の『Super

S(スーパーズ)』』、『セーラースターズ』までずっと貫かれているが、初期の掛け合いはとりわけふざけているように見える。みちるとはるかの初登場時、はるかを男性だと勘違いしたうさぎと美奈子が二人の関係について尋ねている。はるかが「『呼び捨てにするような関係』以上の関係」だと断言し、次の瞬間には恋人同士なのかイエスかノーで答えるよう迫られたみちるが「ノーよ」と答えて美奈子を翻弄する。はるかは手あたり次第に女の子をからかう素振りを見せ、みちるはそんなはるかの態度に嫉妬するような素振りを見せる。まるで長年連れ添い、全く揺らぐことのない熟年のカップルのように。あるいは熟年のカップルのふりをすることで、それ以上核心に迫って距離を縮めてしまわないよう、細心の注意を払っているかのように。

そんな華々しいカップルも、最初は一方の片思いにすぎなかった。

戦士として覚醒する前から、みちるははるかを長い間見つめていた。はるかは気づいていなかったが、彼女の初めてのレースもみちるはすぐそばで見ていた。中学時代のみちるは、ただ、はるかのファンだったのだ。

みちるははるかよりも早く戦士として覚醒し、孤軍奮闘していた。どうやらもう一人仲間がいるらしいと気づき、探し当てたのがかねてからの想い人だったのだ。密かに愛していた人が自分と切っても切れない根深い運命で繋がっていると気づいた瞬間を振り返って、みちるは「嬉しかった」と言っている。しかし同時に恐ろしくもあった。一度戦士になってしまえば、もう普通の生活には戻れない。はるかはきっと、レーサーになる夢も、陸上も、ピアノも、何もかも捨てなければならないだろう。自分がバイオリニストになる夢も、絵画も、何もかも諦めなければならなかったように。それでもみちるは嬉しかった。自分と同じ道を歩んでほしくないと思いながら、どうしても嬉しかった。

みちるはもしかすると、はるかを戦いに引き込んだのは自分だと、後ろめたく思っているかもしれない。同じように予知夢に怯えながら、逃避のように陸上競技に打ち込んでいた中学時代のはるかは、みちるが目の前で変身するのを見て、セーラーネプチューンが目の前で攻撃を受け傷つくのを見て、変身ペンを手に取った。結局、みちるははるかの前に現れることで、はるかを正体の分からない恐怖と焦りから救済し、同時に危険と自己犠牲へ足を踏み入れるきっかけを作ってしまった。

みちるの守ろうとした世界の中ではるかは生きていた。そして、はるかはみちるが一人で戦っている世界を守ろうと決めた。

二人は同い年だが、精神的にはみちるの方がはるかよりも少し大人なのかもしれない。はるかが時々不安を口に出すと、みちるが穏やかに鼓舞する。二人が初めてお互いの「死」に直面した日もそうだった。『S』第21話において、敵の組織デス・バスターズの構成員ユージアルに呼び出されたみちるとはるかは、罠と知りつつ指定された場所へ向かうことを決意する。自分の手元を見つめ「どうせこの手は汚れているのだから何を犠牲にしてもやり遂げるのだ」と改めて思い詰めるはるかに、みちるは自分の手のひらを合わせる。そして「はるかの手が好き」だと語りかける。

きっと触れた手は温かかっただろう。皮膚を通して血管の脈打つ音が小さく震えて伝わってくる。同じように自分の血管を探す指があることを、全く予想外に施されたゆるい握力から窺い知る。汚れていてもいいのだ。あなたの手がそこにあって、その手が温かければいい。そのまま手に手を取って逃げられればよかったが、逃げる場所はどこにもなかった。逃げれば世界とともに死ぬことになる。そして逃げなくても、死ぬかもしれない。

たぶん二人とも、自分が先んじて犠牲になることはある程度想定していた。ただ、残される覚悟がなかっただけだ。

ユージアルの罠にはまりネプチューンを連れ去られたウラヌスは、狼狽して集中攻撃を受ける。大怪我を負うウラヌスを見たネプチューンが、さらに取り乱す。ネプチューンは拘束を解き、とどめを刺されそうになったウラヌスを庇《かば》って傷つき倒れる。瀕死のネプチューンの身体から浮かび上がったピュアな心が――タリスマンに変化する。あれほど探していたタリスマンは、みちるの中にあったのだ。

『S』第9話にもネプチューンだけが倒れる展開があるが、時間が経てば関係は変化する。そして「死んだかもしれない」に過ぎない9話に比べて、21話では目の前で愛する人を失い「置いていかれる」痛みが強調されている。

自分が死ぬ覚悟ならとっくにできていた。それなら耐えられると思っていた。だけど遺される方の心情がどんな風に握り潰されるのか、どれほどお互いを好きになってしまっていたか、気づいていなかったのだ。気づかないふりをしていたのだ。

みちるが「自分だけの世界」、すなわちもう二度と取り戻せない世界へ行ってしまったことに引き裂かれ、絶望したウラヌスは、ユージアルの武器を自らに放つ。ピュアな心から二つ目のタリスマンが出現し、皮肉に光った。

『セーラームーン』の世界では時々、死んだり消滅したりしても、強大なパワーによって復活することがある。だからみちるとはるかは二度死んで、二度生き返った。

一度目は先に書いたデス・バスターズとの戦いである。失意の中、息絶えたはずのネプチューンとウラヌスは、後の場面でタリスマンからピュアな心が分離して身体に戻り、再生を遂げる。

彼女たちはお互いの死を、自分の死を、置き去りにする苦い後悔を、置いていかれる憤りとやるせなさを経験した。全身全霊をかけて願い、慟哭《どうこく》し、それから再び奇跡的にお互いを手に入れた。

もう二度と腕の中にかき抱けず、声も聞けず、体温を感じられないという現実を突きつけられた相手を取り戻せたとすれば、何もかも、本当に何もかもが瑞々しく輝いて見えるだろう。一度「失う」という感覚を体験したら、もうふざけて目を逸らせないだろう。そして絶対に、絶対に離さないと誓うだろう。

だから彼女たちはそうすることにした。『SuperS』の番外編として放送された『は

るかみちる再び！　亡霊人形劇』では、風邪を引いたはるかが敵に捕まり、痛めつけられる。駆けつけたネプチューンは「手出しすれば世界中の人間を危険に晒すことになる」とハッタリの脅迫を受けるが、一切の躊躇なくガンガンに攻撃する。焦った敵が「それでも世界を守る正義の味方か！」と罵れば、ネプチューンは「はるかがいない世界なんて、守っても仕方がないじゃない」と心底おかしそうに笑う。

さらに続編の『スターズ』では二人はセーラームーンたちとともに、強敵・セーラーギャラクシアと戦う。勝機を摑むべく、セーラームーンを裏切りギャラクシア側に寝返ったふりをするネプチューンとウラヌスだったが、奇襲に失敗してギャラクシアに消滅させられてしまう。これが彼女たちの二度目の「死」である。

二度目の「死」には、一度目の「死」と違う点が二つある。

（1）彼女たちは時間差ではなく、同じ瞬間に消滅した。

（2）彼女たちは離れた場所で倒れたにもかかわらず、腕を伸ばし合い、手を繋いで消滅した。

つまり、一緒に死んだのである。
私は時々空想するのだが——最も愛する人と手を握り合い、お互いを想い合いながら同じタイミングで人生を終えられることは、ある種の希望だと言えなくもないかもしれない。もちろんセーラー戦士のような戦闘が起こりようもない現代日本において、最も「同時に人生を終える」という状態に近い「心中」という事態を気軽に想像することはあまりにも無神経だ。しかし、物語の中で、彼女たちの一度目の「死」——最も大切なのだと認める前に、最も大切なのだと叫ぶこともできず、後悔と孤独と喪失感とともにあった永訣《えいけつ》——と比べると、二度目の「死」はある意味では彼女たち自身の台詞にあるように「温かい」「光が見える」ものだった。

みちるとはるかは終始二人の世界に浸っているように見えるが、実は彼女たちが彼女たちだけの世界にいられるのは、彼女たち以外のものがこの世界に存在しているからだ。『亡霊人形劇』では敵を倒した後、二人はセーラームーンたちのことを思い浮かべて「大丈夫よ。この世界にはメシアが……あの子たちがいるから」と微笑み合う。おそらく、このストーリーが『S』の序盤に放送されていれば、みちるは世界を人質に取った敵をガンガンに攻撃できなかった。ふざけて熟年カップルを演じていたあの頃には、はるかを優先して世界を危機に晒すことができなかった。

結果的には一緒に消滅した『スターズ』でも、一緒に倒れることを積極的には選べなかった。二人だけしかいなければ、どちらかは何としても生き残り、敵に立ち向かわなければならない。セーラームーンたちがいたから、二人はお互いだけを見つめながら、光の中で消滅することができたのだ。

それでもやっぱり、二人で死ぬよりも二人で生きることができれば、それは幸福と喜びに満ちて、身体が浮き上がるほど嬉しくて、春のように面映《おもは》ゆいだろう。

『S』最終話から『スターズ』にかけて、みちるとはるかは（同じく外部太陽系セーラー戦士である冥王《めいおう》せつなとともに）いろいろあって乳児に若返った『S』のキーキャラクター・土萠《ともえ》ほたるの育成にあたる。二人で赤ん坊を見つめるみちるは「こんな風に親子三人、平凡に暮らしていくのもいいかもね」と微笑み、成長したほたるは「みちるママ、せつなママ、はるかパパ」と三人を呼ぶ。

新しい家族の形と、若い命。ばら色の未来を信じて次の世代に夢を託す、そんな生き方もあるのだ。

夜空を見上げ、流れ星に何を願ったのかと尋ねるほたるに、みちるは笑って言う。「お願いすることなんてなくってよ、私たち、今が一番幸せだから」。

だって、一番の願いはあなたが生きていてくれることだ。あなたがこの世界に生きていてくれること。その世界に私も生きていること。同じ時代の同じ地球《くに》に生まれ、一緒に生きていけること。

毎日、新しい君を見られる。明日もまた、新しいあなたを見られる。あなたの手を取れば、確かにそこに鼓動が響いている。同じ鼓動を私の中にも探してくれていると、はっきりと確信できる。

それだけが願いで、それだけが幸せなのだ。何度巡り合っても。

CHAPTER 2

別れても
別れない
ふたり

ハッピーエンドの定義とは一体何だろう。

どうやら「王子様とお姫様は結婚し、いつまでも幸せに暮らしましたとさ……」だけがハッピーエンドにあたるわけではないらしい、と既に多くの人が気づいている。にもかかわらず、《王子様とお姫様の結婚》こそが【最も普遍的で、メインストリームにきちんと腰を据えていて、はっきりと名前のつけられた、「とはいえやっぱり」最終的に立ち返るべき関係である】という無言の「安心」が、日常生活の隙をついてふいに首をもたげてくる。ついでに、《いつまでも幸せに暮らし》の方もなかなか曲者だ。別離の一切ない、未来永劫続くことが約束された幸福な生活を送り終えなければ、ハッピーなエンドとは呼べないのだろうか。

そりゃあ末永く一緒に生きられるなら、それは素晴らしくかけがえのないことである。離れがたい人と心ゆくまで離れず、愛する人に全てを開示し受け入れられ、憎めない人と手を握り合い、恋しい人に恋しい時すぐに会いに行けることはとてつもなく嬉しい。

しかしひとたび「そう」ではなくなった途端、関係は存在さえ悔やまれるものになるしかないのだろうか。

CHAPTER 2

別れても別れないふたり

もう会わない人／会えない人とは、魂ごと別れたことになるのだろうか。

破局すれば、何もかもうまくいかなかったことになるのだろうか。

交際しなければ、好意には意味がないのだろうか。

告白しなければ愛していないことになるのだろうか。

真実を伝えなければ心を開いていないことになるのだろうか。

微笑み合っていなければ憎しみ合っていることになるのだろうか。

決まった形や名前を与えられなければ、達成できなかった目標になるのだろうか。

法律に祝福されなければ、一番強固な二人組とは呼ばれないのだろうか。

一番強い絆で結ばれなかったら、出会った意味がないのだろうか。


別離とは「別れて離れる」と書く。

しかし別れて離れたくらいで、別れられれば、離れられれば、苦労しないのである。むしろちょっと離れたくらいで完全に別れられるなら、どれほど楽なことか！

もう会えないかもしれない、その確かさと同じくらい確かに、もう二度と「会わなかった頃」には戻れない。あなたを知らなかった頃には絶対に戻れない。

そんな恐ろしいほど強い結びつきには、しかしそれぞれに厳密な名前がない。粗いザルの目に取りこぼされ、好奇心に濡れた手で触られすぎて、名前がないことさえ忘れられている。

名前がないものは、幸せなのか苦しいのかも分からないものは、終わったのかまだ続いているのかも確かめられないものは、まるで存在しないかのように扱われる。

だけど、もしかすると、名前をつけて掬い取ることのできる関係の方が、本当は少ないのではないか。既に存在している名前に属している関係だって、「すごくしっくりくる」から「どちらかというと当てはまる」まで、便宜上ひとつの言葉で呼ばれているだけではないか。ふと関係したあとで、差し当たり近しい名前を手探りで模索するとき、既存の言葉で充分に説明できる確率の方が低いのではないか。

そして、もしかすると、ハッピーエンドなどというものはこの世に存在しないのかもしれない。だってたった今生きているこの世界では、まだエンドが訪れていない。物語が最後のページを迎え、そのときに彼女たちが遠い場所にいたとしても、幸福でないと証明できる人は誰もいない。

CHAPTER 2

別れても別れないふたり

笑って手を繋いでいなくても、
一緒にいられなくても、
歌い出すような気持ちじゃなくても、
どこにも記録されていなかったとしても、
終わったように見えても、
あなたに会ってしまった事実はなかったことにはならない。ハッピーエンドじゃなかったなんて誰も定義できないのだ。
第2章では、一緒に進み続けないかもしれない、それでも絶対に切り離すことはできない二人を探そうと思う。探さなくてもあちこちにいる二人を。

あまりとつぐみ

TUGUMI

あたしが変わらずいやなやつだったことを、おまえは変わらず覚えているだろう？

「ねえ聞いて、この前、嫌いな友達がさ——」

「き、嫌いな友達って何⁉」

近況を報告しようとした私の話は、「嫌いではない友達」に遮られた。き、嫌いな友達って何？　友達って普通、嫌いじゃない人となるものじゃないの？　と、「嫌いではない友達」は私に詰め寄ってくる。私も驚いて聞き返す。えっ、いない？　嫌いな友達。

嫌いな友達、と一口に言っても大きな振れ幅がある。１秒だって一緒にいたくないほど根深く思いつめているけれど諸事情で離れられない「嫌い」もあれば、こいつサイテーだな、クソだわ、と思いながら案外長く一緒にいる「嫌い」もある。両者のハイブリッドだってある。

こういった女同士の「こいつ、いやなやつだなあ」という感情について話すと、妙な文脈を示し合って喜ぶ人がいることを私は知っている。「女の敵は女」というあたかも真理めいた構図は、キャッチーで、イージーで、てきめんにウケるのだ。

やっぱ、外面では仲良くしてても、裏じゃ足の引っ張り合いだってさ。女って怖いわ〜。「いがみ合う女と女」というエンタメは古《いにしえ》より無限に繰り返されてきたが、比較的最近の例を挙げると2019年における生活雑貨チェーン店「LOFT」のバレンタインデー向け広告の炎上が記憶に新しい。表から見ると仲良しの女の子たちが、裏から見るとお互いの髪を掴んでいたり、恋人にまつわるマウンティングを繰り広げていたりするイラストに疑問が寄せられた。そう、LOFTの広告が「バレンタインデー向け」だったことに端的に象徴されているが、女と女がいがみ合うはずである時、それは恋が原因であるはずだ。つまり、男の奪い合いが原因であるはずなのだ。そう処理することで少なからず自分が求められる側だという気分の良さを、意識的・無意識的にかかわらず味わえる人がいるから、

「女の敵は女」は根強く支持されてきた。

さて「女の敵は女」というテンプレートを、あらゆる「にこにこと手を繋いでいない女たち」に当てはめるとすれば、まあ差し当たり白河まりあと山本つぐみは女で、まあ確かに山本つぐみは白河まりあの「敵」であった。

山本つぐみはいやなやつだ。つぐみは生まれつき身体が弱い。手厚く育てられたことと、弱い身体で育ったことが、つぐみを「意地悪で粗野で口が悪く、わがままで甘ったれでずる賢」く、「人のいちばんいやがることを絶妙のタイミングと的確な描写でずけずけ言う時の勝ち誇った様」が、「まるで悪魔のよう」な気性にした。

白河まりあはつぐみの従姉妹《いとこ》である。まりあの母親は、まりあの父親の愛人だった。父親と前妻の離婚が成立するまで、母娘は母の妹（まりあから見て、政子おばさん）の嫁ぎ先である山本屋旅館に身を寄せていた。そのため、つぐみと、まりあと、つぐみの姉の陽子ちゃんはほとんど一緒に育った。年齢は今書いた順に1歳ずつ離れていて、つぐみが一番年下だ。

母の大らかな性格の恩恵を受け、まりあは幸福感に飢えることなく育つ。母も、政子おばさんも、陽子ちゃんも、山本屋の建つ海辺の町も、みんな穏やかだった。

ただ一人、つぐみを除いては。

みんな穏やか「なのに」つぐみがいやなやつなのか、つぐみがいやなやつ「だから」みんな穏やかなのか、その因果関係は想像することしかできない。とにかくつぐみは家具や食事をめちゃくちゃにしたり、部屋でナメクジを飼って放したり、まりあを夜中に叩き起こしたり、まりあの教材を勝手に拝借したり、自分の死を冗談めかして人質に取り皆を脅かしたりと、暴虐の限りを尽くしていた。政子おばさんや陽子ちゃんは、豊かな愛情と、微かな諦めと、属人的な善性でもってつぐみを愛《いとお》しみ許し、耐え、泣かされていた。

とにかく、つぐみはいやなやつなのである。


そういえば、私は小さい頃、心臓の病気で入院したことがある。ある日突然全身がだるくなり、腕をあげることもできなかった。結局短期入院で済んだ私が「病気」について書くことにはやや抵抗があり、同時に程度の軽重で抵抗を感じることにもまた抵抗を感じるが、それらを一旦無視して書くとすれば、この時私は、「自分」と「自分が把握することによって初めて露わになる世界」だけしか抱えきれなかった。あまりにも苦しいため、自分が存在するだけでやっとだった。存在するだけでやっとだから、見えないところで予《あらかじ》め決まっているらしい世界の理《ことわり》が、自分に対して全く効果を発揮しない。身体からの影響が大きすぎて、世界の理からの影響が無効化されるのだ。

私はつぐみの、ずっと変わらず一貫して、どんな倫理からも、常識からも影響されない様子を見るとその頃の理の脆弱さを思い出す。

いやなやつというものは、乱暴に言えば無法状態だ。法とは法律だけではない。細かな取り決め、なんとなくコモンセンスで分かち合っているはずの共通認識、理全般だ。「普通」ここでそういうこと言う？　ということを言い、「普通」そういうことする？　ということをする。

そして無法状態の人間には二種類ある。無法状態においても、無法のあり方に整合性が取れているか、取れていないかだ。つぐみは前者である。例えばつぐみは、まりあと隣家の犬・ポチを散歩させながら、「地球上に食べ物がなくなったら、迷わずポチを食べたい」と言う。食べるだけ食べておいて、あとでそれでも人に好かれたいなどとは期待しない。犬の肉を得て、代わりに、好かれる善人でいる可能性を捨てる。「何かを得るときには、何かを失うように決まっている」とつぐみは言う。

つぐみのこの整合性は、多分、まりあによって形成された。
中学2年の頃、少し前に亡くなったばかりのまりあの祖父になりすまして、つぐみはまりあに手紙を書いた。感極まって思わず泣いてしまったあとで騙されたと知ったまりあは激昂《げっこう》し、つぐみを突き飛ばして「死ね」と言う。おそらくその時初めて、つぐみは自分の生命をもってしてもペイできない無法の秤《はかり》があることを知った。それまではつぐみの生命こそが聖域で、同じフィールドにそれ以外のものを載せて善悪を教える人はいなかった。
それでまりあとつぐみは、うっかり友達になってしまったのだ。

いやなやつというものは大抵、どこまで突き詰めても本格的にいやなやつのままだが、必ずしも嫌悪感を伴うとは限らない。（好ましいな）と感じないことや、思いやりを与え合わないことと、憎しみ合うことは同義ではない。

まりあは、いつもつぐみの身体について切なさを感じている。郷愁を、物悲しさを感じている。

山本屋で一緒に暮らしている時には、つぐみが乱暴であればあるほど、つぐみの魂の熱さにはっとすればするほど、その魂がもろい身体に入っていなければならないことに「哀しさ」を感じた。離婚調停を終えたまりあの父親が迎えに来て、母親と故郷を出て、自身の進学先でもある東京で親子三人で暮らすようになってからは、潮の香りをふと感じるたびに海とともにつぐみを思い出してノスタルジーにかられた。

そんな懐かしさに浸りながらまりあが迎えた大学1年生の初夏、山本屋がこの夏限りで宿を畳むことが決まる。近くに大きなホテルができることと、つぐみの父親（まりあから見て、正おじさん）がかねてペンションを経営する夢を温めていたことが理由だ。『TUGUMI』（吉本ばなな・著）は、まりあが東京での最初の夏休みを、終わりゆく山本屋で過ごす一夏の物語である。

まりあは1歳年下のつぐみを、まだ高校3年生のつぐみを、全く年下だと思えないにもかかわらず、いつも見守っている。

久しぶりに会ったつぐみに悪態をつかれては「相変わらずだ」と悦に入り、つぐみがポチと打ち解けているのを見ては感心する。そんな風に親愛の情を感じたかと思うと、「相変わらず」な暴挙に改めて明るい疎ましさを甦えらせたりもする。そうしてまた見守り続ける。つぐみが、山本屋閉館の原因の一端である新しいホテルの、支配人の息子・恭一に恋をすれば、それも心から面白がる。

フィクションにおいてジェンダーバイアスを測るためのベクデル・テストには、その作品の中に「最低二人の名前のついた女性が登場するか」「女性同士の会話があるか」「その会話に男性に関する話題以外が出てくるか」などの項目がある。つまり、男性についてのみ悩んだり、とにもかくにも男性を奪い合うためだけに登場しているキャラクターでないかをチェックするテストだ。

まりあは、つぐみと恭一を奪い合わない。恭一もまりあからつぐみを奪い去らない。陽子ちゃんを入れて四人で、若者たちは夏を遊ぶ。

肩書きだけ見れば地元の旅館を脅かすホテルの人間である恭一を、対外的には「町一番の儚《はかな》い美少女」で通っているつぐみと交際している恭一を、よそ者の恭一を、良く思わない人たちがいた。彼らは闇に紛れて恭一を殴ったり、恭一の飼い犬のリードを切って逃がしたりと、嫌がらせをエスカレートさせていく。恭一の飼い犬は、権五郎という名の小さなポメラニアンで、つぐみと恭一が出会ったきっかけでもあった。一度は権五郎をぶじに見つけ出した四人だったが、犯人はしつこく誘拐を試み、小さな犬は二度と戻ってこなかった。

飼い犬がいなくなった——おそらく殺されてしまった——ことを受け、一旦両親のいる東京に戻ることになった恭一の船を見送り、つぐみは復讐に取り掛かる。

つぐみは無法の整合性が取れている。つぐみの怒りは、熱い血に乗って彼女の生命の中を駆け巡っている。権五郎の生命と釣り合いの取れる、犯人に払わせるべき代償だとつぐみが判断したのは、犯人そのものの生命だった。

つぐみのしでかしたことに気づいたのは陽子ちゃんだった。権五郎（実際には、権五郎に似た別の犬）がピンピンしている様子を目撃させて犯人をおびき寄せ、後ろから殴って不意をつき、夜な夜なこっそり掘った深い穴に突き落として、蓋をして生き埋めにする。陽子ちゃんが穴の底で呻《うめ》いている少年を見つけなければ、つぐみは殺人犯になっていただろう。

計画がバレないように、つぐみが一番警戒していたのがまりあだ。まりあにだけ、つぐみは念入りな嘘まで用意した。

「死にまつわる無法は、生きている者にはペイできない」とつぐみに教えたのは、中学生のまりあだからだ。つぐみが権五郎の生命を、犯人の生命でペイさせようとしていることに——そして、犯人の生命をつぐみ自身の生命でペイさせようとしていることに——気づくとすれば、まりあだけだからだ。

落とし穴事件のあと、つぐみはそのまま体調を崩して入院する。つぐみが自分の生命を使い果たしたのかもしれないことにも、まりあだけが気づいていた。

しかし、どれだけつぐみの容体が悪くても、まりあは夏休みが終われば東京に戻らなければならない。まりあの家はもう海辺の町にはなく、東京にあるのだから。

ところで、手放しの温かい愛情を持たず、微かな、でも確かな疎ましさを抱きながら、だけど完全に理解しているはずで、どうにも離れがたい女二人、といえば、私は次の二組を思い出す。

一組目は、『僕はかぐや姫』（松村栄子・著）の千田裕生《ちだひろみ》と辻倉尚子《つじくらなおこ》。地方都市の保守的な女子高に通う裕生と尚子は、文芸部に所属する同級生。二人はできるだけ強く純潔でありたいと願い、自分を「僕」と呼んでいる（文芸部には他にも同じ理由で自らを「僕」と呼ぶ生徒がいる）。裕生は尚子を本名の「尚子《なおこ》」ではなくペンネームの「尚《しょう》」クンと呼ぶ。裕生が人生に対して抱く渇望が、尚子のそれとあまりにも似ているため、彼らはお互いが傍にいることで陶酔しきれないと苦々しく思っている。だけどあまりにも似ているため、目を背けることもできない。尚子の一人称がいつのまにか「僕」ではなく「あたし」になっていることに気づき、裕生は尚子が自分とは異なる魂の守り方を探しているのだと揺らぐ。

二組目は、『さようなら女達』（大島弓子・著）の館林《たてばやし》 毬《まり》と海棠茗《かいどうめい》。毬はまんが家になる夢を持つ高校生。クラスメイトの茗は何かにつけ毬を小突き回し、論破し、まんがを描くことを邪魔したりする。さらには毬の作品を「あんたはまだ全然めざめていない」「なんにもわかっちゃいない」とこき下ろす。実は茗は毬の亡くなった兄に想いを寄せていて、彼の死後、彼の面影を追ってか追わずか妹の毬に強く目線を引き付けられていた。それなのに毬が少年同士の恋をまんがに描いて、まんがの中で「茗の気持ちが分からないにもかかわらず」恋を終わらせたために、許せない気持ちが爆発したのだった。

『僕はかぐや姫』では「変わること」が、『さようなら女達』では「変わらないこと」が

疎ましさと離れがたさの源泉となっている。

一方、まりあはつぐみが「変わらないこと」を、まりあ自身の指針にしている。まるで、生まれ育った町にずっと鎮座している海のように。つぐみの病院をあとにし、東京へ戻るバスの中で、まりあは「今ここにつぐみがいて、自分や陽子ちゃんをバカにしてくれないだろうか」と願う。そうして東京に戻ったまりあの元に、つぐみの危篤を報せる電話が入る。

『TUGUMI』の冒頭には、もうすぐ故郷を離れて東京で親子三人の暮らしを始めるまりあが、これからの生活に海の見える風景がないことに呑気に愕然とするシーンがある。海は、ずっとそこにあった。誰が去っても、誰が加わっても、海だけはそこにあった。だからこれからもずっとあるのだと思っていた。自分が訪れなくても、変わらずそこにあるのだと。海がなければ、一体どうやって自分の場所を確かめればいいのだろう。

小舟を岸へ繋いでおく係船柱《けいせんちゅう》のように、浅瀬の杭のように、まりあはつぐみを思い出す。自分の生活が「変わること」をより正確に・大切に咀嚼《そしゃく》するため、「変わらずに」傍若無人なまま、「変わらずに」この町で暮らし続けるつぐみを、町と海と結び付けて感傷とともに思い出す。

つぐみは確かにいやなやつだが、反対に、つぐみにとってまりあはいやなやつではなかったのだろうか。

まりあはどこにでも行ける。そのどこにでも行ける身体をもって、つぐみの身体に切なさを感じている。つぐみがクラスメイトに自分の身体のことを揶揄され怒り狂ったときにも、「関係ない」まりあが止めに入る。自分が海のない町に行くなんて想像したこともなかったと、部屋から嫌というほど海を眺め暮らしたつぐみに話し、それでいてつぐみを海のように座標にするまりあ。心からの極悪人になることだってできたつぐみを、整合性のある高潔な無法者にしたまりあ。小さな頃から、つぐみがいついなくなってもおかしくないと聞かされて育ってきたのに、その不在の予感を半分は自分の中の海の盤石さよりも弱いものとして処理し、半分は自分の中の海へのメランコリーに呑み込ませて処理し、それを憚《はばか》らないまりあ。


つぐみの病状は、一晩明けて、嘘みたいに回復した。

その数日後、つぐみからまりあへ一通の手紙が届く。死を覚悟したつぐみが書いた、今となっては不要になった「最期の手紙」だ。

手紙には、まりあだけがつぐみのことを正確に捉えられることと、初めての弱音と、犬の散歩が人生で最も幸福な記憶であることが書かれている。まりあと長年一緒に海まで歩いた、散歩の風景。

かつて山本屋では、つぐみ以外の女たちはみんな穏やかに支え合っていた。まりあの母親も、その妹も、その娘も、身を寄せ合って生きる方法を実践していた。連帯することで朗らかに生きていた。皆お互いを思いやり合い、一方的に感情を押し付けないように注意を払い、喜びを共有した。そしてそのままの手つきでつぐみをも、むしろつぐみを重点的に支えようとしていた（つぐみの父親の正おじさんも、もちろん娘を支えようとしていたが、厳密には、つぐみを避けたり、腹を立てれば席を立つことができていた。そういう意味では、正おじさんはつぐみの敵になりようがなかった）。

つぐみを思いやらないのはまりあだけだ。

まりあだけが、つぐみがいやなやつであることを詰《なじ》り、つぐみの無法に整合性を求め、求めておきながらその整合性の美しさに感傷を見出し、そのくせつぐみのことを忘れ、時には都合よく故郷の海と重ね合わせる。

まりあだけが、もしもつぐみがいなくなったとしても、彼女がいやなやつであったことを忘れてくれない。

思わぬタイムラグによって「いやなやつ」の手に渡ってしまった手紙の様子を探るため、つぐみはまりあに電話をかける。まりあは、まりあだけは、つぐみが「読まないで」と言った手紙をニヤニヤ喜んで開封することが分かっているからだ。

電話の向こうで、変わらずにいやなやつだったつぐみは、自分がこれから少しずつ変わっていくかもしれないとまりあに打ち明ける。そうして、返事を待たずに受話器を投げ出す。

だって返事を待たなくても、分かっている。

海が干上がっても、夏休みに誰も来なくなっても、今年の夏の記憶が、今年の夏までの記憶が、消えはしないことを。

いつかつぐみがいやなやつではなくなっても、変わらない海ではなくなっても、確かに彼女がいやなやつであったと、まりあが覚えていることを。

あるいは、まりあが覚えていると、つぐみが覚えていることを。

ファデとルウルウ

ファンション・ファデ

異性婚でも同性婚でもない「本物」の関係

この本の冒頭で、男女の「正式な」婚姻関係を「一」とする時、女と女は「一」未満と数えられがちだと書いた。それでは、「正式な」結婚をする予定の女性二人はどうだろう。名香智子先生の漫画作品、『ファンション・ファデ』（1978〜79年『週刊少女コミック』で連載）の主人公ファデと、その恋人ルウルウは、ゆくゆくは「夫婦」になるはずだった。

ファデの本名はフランソワーズ・バルザック。ファンションはフランソワーズの愛称、ファデは優しい父親がつけてくれたニックネームだ。彼女は人類学者・民族学者で医者でもある父親の研究のため、16歳までアフリカのスーダン南部で育った。父娘は長年ヌエル族の村に滞在している。ファデはその村の少女ルウルウと幼馴染であり、相思相愛の恋人同士でもある。

ルウルウの父親は二人の関係を祝福している。しきたりに従いファデが牛を30頭連れてきたら、ルウルウとの結婚を認めるつもりだ。ファデは占い師と同等の尊敬を受けているし、狩猟の腕も申し分ない。大切な娘の配偶者にふさわしいと考えている。実在するヌエル族にも、女性同士が婚姻し、花婿となる女性の近親者の協力を得て子孫を残す慣行があり、作中でもこの慣行は「ヌエル族ではよくあること」と語られる。

一方、フランス人であるファデの父親は結婚に否定的だ。愛を語り合う二人を見ては「亡き妻よ、きみの娘を許したまえ」と嘆いたり、「きみはほんとの恋をしているのではない」とファデに言う。

広い世界で勉強するように（そしてあわよくば「異性との健全な恋」に「めざめる」ように）という父の勧めにより、ファデはフランスへと旅立つ。そこでパリのファッションシーンを牛耳るマダム・フルールと、マダムの義理の息子で天才デザイナーのユーフォルヴ、マダムに恨みを持つ落ちぶれた元天才デザイナーのアルチュール、画家志望の日本人田中日翔《タナカ・ニッショー》などと出会い、一流デザイナーを目指し始める……というストーリーだ。

アフリカ育ちのファデがいかにも奔放な振る舞いでパリの人々を驚かせる様子は幾度となく描かれるが、そういった「お国柄」のステレオタイプとは関係なく、ファデは割と身勝手なヤツだ。

パリに到着してすぐ、ファデは異文化に戸惑う気持ちをアフリカ宛ての手紙にしたためている。一通目の手紙はこんな風に結ばれた。「ルウルウへ　フランスにはルウルウの好きそうなものがたくさんあります　そのうち送りますね　泣かずに待っていてください」。屈託なく「すぐ帰ってくるから待っていて」と言いながら、彼女は婚約者としてはあまり誠実とは言えない行動を取る。例えば、デザイン画を描き始めて間もなく、ファデはアルチュールと服の売り上げで勝負する。アルチュールはお前が勝ったらオレの店に服を置いてやる、負けたらオレと結婚しろ、と挑発する。ファデはその要求を飲んでしまうのだ。彼女は「きっとルウルウはわかってくれる」と、婚約者よりも「アフリカで育った戦士」としての誇りを優先し、ルウルウには何も相談せず対決に挑む。結果は引き分けとなったが、ルウルウは最後までこの一件を知らないままだ。

アルチュールとの対決を前にしたファデはデザインへの意欲に燃えながら悩んでいた。

自分が結婚を賭けた勝負に乗ることができたのは、ルウルウに恋をしていないからではないかと。だってパパにも、友人として親切にしてくれる日翔にも、そう忠告された。それに、ひょんなことから仲良くなったユーフォルヴとキスしてしまった。ファデの育った文化では、キスをすれば結婚したも同然だ。夢と恋と愛の間でファデは揺れ動く。ユーフォルヴの心の不調について医者である父に相談した手紙には、「パパはきみが異性にめざめてくれてとてもうれしい」と返事が来た。

私は最初、「これは多分、『木綿のハンカチーフ』だな」と思った。「広い世界」を知って異性愛に「めざめた」ファデが、恋人のことを忘れて栄光を掴む話なんだ。きっと「ルウルウの好きそうなもの」がアフリカに届くことはないのだろう。

私のこの予想はある意味で当たっていた。そしてある意味では全く外れていた。

ファデはユーフォルヴと心を通わせ合いながら、マダム・フルールとアルチュールの確執が渦巻くファッション業界で本格的にデザイナーとしてデビューする。

スポンサーについたシャルトル侯爵夫人はレズビアンを公言していて、ファデとファデの服をすっかり気に入ってくれた。ファデは「レズビアン」という言葉を知らない。ファデが自分の婚約者は女性だと言うとシャルトル侯爵夫人も周りの友人たちもみんな驚くけれど、ファデにはその理由がさっぱり分からない。

ファデは頭の半分では不可侵の原理原則のようにルウルウと結ばれることを疑わず、そして残りの半分ではデザイナーの夢に燃えてルウルウを忘れ去っている。デザイナーとして自身のブランドを立ち上げたばかりのファデの前に新たなライバル・ヴェーラまで現れ、ルウルウへの想いは確かに存在しながら、殆ど思い出されない。

確かにルウルウの元へファデからのプレゼントが届くことはなかった。ルウルウがアフリカからパリへ、ファデを追って来たからだ。彼女は泣きながら待ってなどいなかった。

ルウルウがパリに来たのは、ファデの父親が「ファデはユーフォルヴを好きになったのだ」とルウルウに言ったからだ。彼女は自分の目で婚約者の心変わりを確かめるため、財産を手放し、家族に黙って故郷を飛び出した。ファデはルウルウを変わらず愛していると伝える。そう、ユーフォルヴのことがちょっと気になっているのは、ルウルウと離れていたからだ。

そう思いながらも、ファデの心はデザインのことでいっぱいだ。以前みたいに、ルウルウのことだけを考えてくれない。ルウルウはファデの作品を破り、ユーフォルヴはファデに「ルウルウとアフリカに帰るのか、パリでデザイナーになるのかはっきりしろ」と迫る。

ファデはアフリカに帰らない。ただし、ルウルウも帰らない。

ルウルウはパリに留まり、ユーフォルヴの推薦でモデルの仕事を始める。デザイナーとモデル。しかも婚約者同士で、熱烈に愛し合っている。こんなにインスピレーションを与え合いそうな肩書きはないように思えるが、その実、二人の仕事は共鳴し合っているわけではない。ファデは初め、ルウルウにモデルの才能があることにも気づかなかった。「そのうちあたしもモデルに使って」「もちろん こっちからお願いするわ」という二人の会話は、異業種交流会でのやりとりのように畏《かしこ》まっている。ルウルウが仕事としてファデの服を着るシーンはあるが、彼女がファデの「唯一無二のミューズ」として機能することはない。

結局、ルウルウはファデを追って足を踏み入れたフランスで、ファデではないキャラクターと結ばれることになる。ルウルウの家庭教師であるノヴァという男性と。ファデの父親が不慮の事故で亡くなり、ファデがデザイナーの道を諦めかけたり、また挑戦しようと思い直したり、ハリウッド映画の衣装デザインで成功してパリに店舗を持ったり、ヴェーラと戦ったり、自分のオリジナリティを見出そうとしている間に、ファデが知らない間に、ルウルウはノヴァと距離を縮めていた。ファデがアルチュールと結婚を賭けた勝負を受けた時のように、本来の婚約者には何も言わずに。その点ではルウルウも身勝手だと言える。

ルウルウとノヴァはのちにアフリカに移住し、医者のいない村の医療に貢献しようと決意する。こうしてファデとルウルウは異なる道を歩んでいくのだった。


ファデとルウルウはゆっくりと自然に離れていく。あるいは、ばたばたと忙しくすれ違っていく。お互いのやりたいことを追求しているうちに、自然と道が分かれていく。

それは、彼女たちがファデの父親の言うところの「異性との健全な恋」に「めざめた」からだろうか？　無知によって手近なところに擬似的な充足を見出していた二人が、真実の夢と愛を見つけたから、関係が破綻したのだろうか？　二人の恋が、愛が、本物ではなかったから、うまくいかなかったのだろうか？

もしも恋愛が友愛の上位互換であり、婚姻が永遠の保障制度であり、運命をぴったりと共にすることだけが真摯な態度であるとすれば、なるほど彼女たちの関係は「本物」ではなかったのだろう。しかし、一体誰がそんなことを断言できるというのだ。

この物語では、主人公が最初から持っていた確固たる人間関係が、確固たる個性が、めちゃくちゃに揺さぶられる。ルウルウと離れたファデは、ユーフォルヴとも別の道を歩むことを決め、誰とも特別な関係を結び直さない。さらに、作品終盤ではファデがこれまでシグネチャーにしてきた毛皮のデザインを日翔に「野蛮だ」と批判され、自身の出自《しゅつじ》に裏付けられた個性までもが否定される。

とはいえ、ファデは何もかもを失うわけではない。ルウルウはノヴァとの婚約を報告しながら「でもあたし ファデはいつまでも いちばん好きよ」と言う。ファデは久しぶりに帰ったアフリカで「ルウルウが村に帰るなら私は（帰らなくても）いい」と言う。ルウルウは唯一無二の存在として心にファデを置き続けているし、ファデは別離を経てもルウルウと自分をどこか同一視さえしている。さらにエンディングで、ファデは恋愛フラグがいまひとつ確立されないままの日翔とともに日本を訪れ、未知の土地でインスピレーションを受ける。恋愛と断言されない新しい人間関係、新しい個性の可能性を示して物語は終わる。

確かに、予め名前のついた関係は、変わらない個性は、安心をもたらしてくれる。だけど流動的であることは、生きていることそのものではないか。いつまでも一番好きでいられる存在、自分の分身と思えるほど分かり合える存在があることは、流れていく、変わっていく自分の背中を押してくれはしないか。その力強い腕に耳慣れた名前がついていないからといって、「本物」でないと誰に言えるだろう。

「ファンション・ファデ」の名は、フランスの女流作家ジョルジュ・サンドの作品『愛の妖精』に由来する。『愛の妖精』は、個性的であるがゆえに醜いと疎外されてきた少女ファデ(「こおろぎ」の意)と、少女の個性に醜さでなく美しさを見出した少年ランドリの物語だ。ランドリの双子の兄シルヴィネは、弟を愛し執着するあまりファデを憎む。しかしファデに厳しく叱られることで別人のように変わり、彼女に友愛の情を抱くようになる。やがて友愛は恋慕に変化するが、ファデは既にランドリと添い遂げる決意をしていた。弟のパートナーを愛してしまったと気づいたシルヴィネは二人の元を去り、一生ファデを想いながら生きる。シルヴィネとファデが名前のある関係性を築くことはなかったが、シルヴィネは生涯ファデを胸に抱き続け、ファデはシルヴィネが自分を想いながらどこか遠いところで生きていることを信じ続けている。『愛の妖精』でも、『ファンション・ファデ』と同様に確固たる個性の揺らぎによる成長と、名前のない関係を選ぶことで愛を抱えたまま生きていく様子が描かれている。

そういえば、『愛の妖精』の「ファデ」と『ファンション・ファデ』の名を並べる時、もう一つ気になることがある。『ファンション・ファデ』の中で「ファデ」というニックネームが本名である「バルザック」を打ち負かし、通称となっていることだ。ジョルジュ・サンドの周辺で「バルザック」と言えば、明らかにフランスを代表する大作家オノレ・ド・バルザックである。バルザックはサンドをモデルに才能溢れる女流作家の悲劇的な最期を描いた。この交流の深い作家同士の対決の構図を思い出しながら『ファンション・ファデ』を読んだ時に、女性の新しい生き方を手放しで推奨したとはちょっと言い難い「バルザック」の名を、既存の女性像を疑い続けたサンド由来の「ファデ」という名が上書きすることに、鼓舞を感じる……のはこじつけだろうか。

いずれにしてもこの作品の名は『ファンション・ファデ』であり、ファデはそのタイトルロールだ。1978年の少女漫画の「ファデ」は、1849年にサンドが描いた「ファデ」に比べて、少なからず新しい要素を兼ね備えているだろう。それは名前のある関係のみに救いを見出さないことかもしれない。あるいは同性・異性を問わず、恋愛のみに救いを見出さないことかもしれない。

ファデがこれから作るであろう新しい服を、アフリカで医者になったルウルウはきっと着ない。だけどこの世界のどこかにルウルウがいる限り、ファデが何もかもをやめてしまうことはないはずだ。だって、自分を決して裏切らない存在がいる。どれだけ身勝手でいても、関係性が変わっても、自分自身が変わってしまっても、決別することだけはない存在がいる。それはとても勇敢になれることだ。アフリカの戦士のように、自分の名前を冠したビッグメゾンを率いるデザイナーのように、勇敢になれることだ。

運命を続けなくてもいい。思ったとおりの形じゃなくてもいい。あなたが今も私のことを忘れないでいてくれるなら、それは何にも代えがたい。一人でいても一人ではない。私の心の土台は、全部あなたでできている。

知世とさくら

カードキャプターさくら

決して私の登場しない、あなたの物語を未来永劫記し続ける

「推《お》し」とは自分が最も贔屓《ひいき》にし、応援しているアイドルやキャラクター、その他あらゆるものを指す言葉である。１９９０年代頃から主に女性アイドルのジャンルで使われ、今ではオタクと呼ばれる人々だけでなく一般にも広く浸透している。

「推し」ているアイドルや俳優と握手できることは多々あっても、通常、交際や結婚が実現する可能性は限りなく低い。「推し」が実在の人物ではなく作られたキャラクターであれば握手も難しい。しかしそれは全く大きな問題ではない。重要なのは自分の気持ちが高揚しているかどうかである。

CHAPTER 2

別れても別れないふたり

大道寺知世《だいどうじともよ》は、木之本桜《きのもとさくら》を「推し」ている。物理的に手の届かない存在でもなく、二次元と三次元の隔たりがあるわけでもない、同じ『カードキャプターさくら』という作品に登場するキャラクター同士であるにもかかわらず、誰よりも、作品のファンよりも強くさくらを「推し」ている。

「カードキャプター」とは、カードを捕獲する者という意味だ。父親の書庫に保管されていた「クロウカード」を発見したさくらは、カードの番人・ケルベロスに頼まれ、失われたカードを収集するカードキャプターとなる。捕獲は主に「封印の杖」によってカードの力を解放して行われる。不思議な力を利用してはいるが身体は生身なので、いわゆる戦闘ヒロインのように専用のコスチュームに変身したり髪型が変わったりすることはない。しかしさくらは毎回かわいらしい、独創的な衣装に身を包み、カードの捕獲に臨む。

さくらの衣装は全て知世が手作りしたものである。知世はさくらに自作の洋服を着せ、活躍するさくらの姿をビデオで撮影することに心血を注いでいるのだ。

さくらの小学校の同級生で、又従姉妹《いとこ》の関係にあたる知世は、とにかくさくらを好いている。息をするように「かわいい」「すてき」「かっこいい」「素晴らしい」と褒《ほ》めまくり、着る機会が未定でも大量の衣装を縫い、余すところなく映像化しようと試みる。さくらにもらった消しゴムを丁寧に梱包し、鍵のかかる小箱に入れて大切に保管している。

しかし知世はさくらと「大好き」「わたしも」と言い合った後、その「好き」と自分の「好き」はきっと違う意味だ、と一人呟《つぶや》く。

知世はさくらに恋している。にもかかわらず、彼女の恋は劇中で、「恋」という言葉を使わずに示唆され続ける。

知世の母親・大道寺園美《そのみ》も、さくらの母親・木之本撫子《なでしこ》を愛していた。彼女たちは従姉妹の関係で、園美は撫子を「一番」好いていた。撫子ももちろん園美を好いていた。しかし、その「好き」は園美の欲しかった「好き」ではなかった。撫子は16歳の時に、通っている高校の教師だった木之本藤隆《ふじたか》と結婚し、家を出る。そして兄の桃矢《とうや》とさくらを出産した後、27歳でこの世を去った。

園美の恋は実らなかったのだ。

そして娘の知世は、頑なに恋を実らせようとしない。

大道寺知世は恋を実らせようとしない。

さくらは高校生の兄・桃矢の友人の、月城雪兎《つきしろゆきと》に憧れている。雪兎に会いたい一心で毎朝の身支度を急いだり、小学校に隣接する高校のグラウンドを覗いたり、雪兎を見るだけで顔がゆるんだりと忙しい。

知世はその様子をビデオ片手に見守っている。見守るだけでなく、さくらと雪兎が二人きりになれるように、協力もしてあげる。好きな人に好きな人がいれば焦ったり、悲しんだり、邪魔してみたくなりそうなものだ。現に彼女の母親の園美は、撫子と藤隆の間に割って入ろうとしては挫折していた。しかし知世は全面的にバックアップする姿勢を崩さない。さくらが雪兎に告白めいたことをしようと奮闘する際には、やはりお手製の服を提供し、特別な日を演出するのに一役買っている。そして撮影しようとする（時々さくらに許可を取っていないと思われる撮影シーンが散見されるが、私はそれは改善されるべきだと思う）。

雪兎だけではない。物語の中盤、さくらのカード収集のライバルとして香港から李小狼《リ・シャオラン》という少年が転校してくる。最初はさくらに反発し、さくらと同じく雪兎に恋心を抱く小狼だったが、行動を共にするうちに徐々にさくらに惹かれていく。雪兎への気持ちとさくらへの気持ちの間で小狼は戸惑う。

さくらが雪兎に失恋したことを知った小狼が「自分が好きな人の一番じゃなかった時の気持ちをあいつはよく知ってる」「自分が思いを告げればさくらが困るだろう」と沈黙を選ぼうとすると、知世は彼を応援し、相談に乗り、告白を後押しする。

さくらは悲しいことをずっと悲しいまま抱えている人間ではないから、きっと小狼にさくららしい答えを返してくれるだろう、と鼓舞する。


小狼を優しく励ます知世は、自身の気持ちを伝えることをしない。第三者とさくらの仲を取り持つばかりで、自分の駒を進めようとしない。ライバルが増えても「もりあがってますわね」と微笑むばかりだ。

さくらの「好き」と自分の「好き」が違うことさえも、「さくらちゃんがもう少し成長したら話す」と笑ってはぐらかす。

……こんなことをわざわざ注釈するのはかえって気が引けるが、もしも知世の恋が実ら

ないとすれば、その理由はおそらく「女の子同士」だからではない。はずだ。

『カードキャプターさくら』の世界では、同性間の恋愛や同性への強い感情を特別視する表現が意識的に排除されている。小狼とさくらが雪兎への恋バナで盛り上がるシーンこそあれ、小狼と雪兎が男性同士であると騒ぎ立てる人物は存在しない。雪兎は桃矢とも強い結びつきを見せるが、作者のCLAMP先生のインタビューには「読んだ方が友情と取ってくれてもいいし、それ以上の感情と取ってくださってもいい」と書かれている（『カードキャプターさくら　メモリアルブック』2001年／講談社　より）。

ついでに、コミックスのところどころに1／4コマのスペースを使ったキャラクター紹介が掲載されているが、男性キャラクターのプロフィールに（おそらく意図的に）いわゆる家事と呼ばれる料理や裁縫、掃除などが得意だといったワードがふんだんに盛り込まれ、なるべく性役割の偏りもコントロールしようとしていると思われる。さくらのクラスが学芸会で『眠れる森の美女』を上演するストーリーでは、お姫様や王子様の役は「公平にチャンスがあるように」と男女混合のくじ引きで決められ、さくらが王子様、小狼がお姫様、友人の男子生徒が魔女役を演じる。

小狼と恋バナを語りながら、さくらは「いいなあとか好きだなあって思う気持ちは自分でどうにもできないよ」と強調する。自分と小狼は、雪兎よりもずっと年下だけど、しょうがないよね、好きなんだもん。

ちなみに「年下」といえばもう一組、気になる二人がいる。さくらのクラスメイト・利《り》佳《か》と担任の寺田先生だ。小学4年生の女児と小学校教諭の関係は、アニメ版では利佳の片想いにアレンジされているが、コミックスでは両想いかつ交際している設定である。寺田先生は「婚約者に」と言って購入したという指輪を利佳に贈り、図書室など人目につかないところでデートを重ねる。

私は利佳が大人になり、教師と生徒のパワーバランスの不均衡が解消され、自由意思が自由意思として機能するようになるまで、寺田先生は利佳にベクトルを向けるべきではないと考えている。個人的にはセックスやその周辺のことを一切していなかった（していないと思うが）としても、利佳からの好意そのものに応えるべきではないと思っている。子供は小さな大人ではないからだ。

とはいえ利佳の寺田先生へ向けられる好意、そして寺田先生から利佳へただ発生する（「向けられる」ではない）好意そのものは、周囲によって一方的に消滅させられることはあってはならない。そして好意そのものが消滅させられないという事実が、ただその一点のみにおいて、『カードキャプターさくら』にフラットな土壌をもたらす装置になっている。

要するに、知世の恋路には少なくとも「女の子同士」という事実が立ち塞がることはないはずだ。知世が恋人候補に名乗りをあげれば、きっとさくらは可否を問わず「さくららしい答え」を返してくれるだろう。

しかし知世は沈黙を守り、さくらは小狼と結ばれることになる。「さくらちゃんがもう少し成長」するのを待たず、選択肢に知世が含まれることのないまま、タイムリミットが訪れる。知世だけが叶わない前提で黙り続け、さくらの決め台詞である「ぜったいだいじょうぶだよ」の隙間をかいくぐる。


―――


大道寺知世は、恋を実らせようとしないというよりは、同じ舞台に上がろうとしていないのかもしれない。

さくらが王子様を、小狼がお姫様を演じた学芸会で、知世はナレーションを担っていた。

このナレーションという配役は、やけにしっくりくる。知世はナレーション的で、プロデューサー的で、アートディレクター的で、サポーター的で、メタ的で、語り部的で、モノローグ的である。世の中を知るという名前の通り、視座が一人だけ高い。

さくらと小狼たちが「好きな人に自分の名前をつけた手作りのくまのぬいぐるみをプレゼントするとずっと両想いでいられる」という噂を聞きつけ、手芸店でぬいぐるみキットを買い求めようとする時も、知世だけがキットを手に取らない。

不思議そうな顔をするさくらに、知世は「私は大好きな人が私と両想いになるより幸せなことがあるなら、ずっとそのまま幸せでいてほしい」「好きな人に好きになってもらえれば嬉しいけど、大好きな人が幸せでいてくれることが、一番の幸せ」だと言う。さくらは「知世ちゃんに好きになってもらえた人は、きっと幸せだね」と笑う。

さくらの幸せから知世は常に一歩引いている。さくらの可能性から、自分を予め退場させている。大好きな人が自分と両想いになることが、大好きな人の一番の幸せではないとなぜか確信を持っている。

さくらは、さくら自身の言葉によると「知世ちゃんに好きになってもらえた」時点で幸せなはずなのに、知世自身の言葉によるとその幸せ「よりも幸せなこと」があるらしい。

同じ舞台に上がらないことは必ずしも消極的なことを意味しない。例えばピエール・ベルジェ氏がデザイナーでないからといってイヴ・サンローラン氏を支えられなかったなどという人はいないだろう。

しかし二人が唯一無二の関係でなかった場合、それは片方にとって大きな負担になるかもしれない。

アニメ版にはオリジナルキャラクターとして、小狼の婚約者の少女・李苺鈴《リ・メイリン》が登場する。苺鈴は小狼の従妹で幼馴染でもあり、幼少の頃に逃がした小鳥を見つけてもらって以来、小狼に想いを寄せている。既に告白もしており、「小狼に好きな子ができるまで」という条件で婚約者を自称している。

苺鈴には魔力がなく、彼女はそのことを少なからず引け目に感じている。「私なんか一緒にいても何もできない」「カード探しだって役に立ったことない」と呟く表情は暗い。

小狼から好きな子ができたと知らされた苺鈴は、香港に帰る前夜を知世の家で過ごし、

CHAPTER 2

別れても別れないふたり

彼女の膝に突っ伏して号泣する。「私が一番小狼を好きなのに」と泣く苺鈴の髪を、苺鈴と同じく魔力を持たず、園美と同じく「さくらを一番好き」だと叫びたいはずの知世は黙って撫で続ける。

苺鈴は「さくら」という存在を目の当たりにし、さくらと自分それぞれの、小狼との結びつきの違いを認識して香港に帰っていった。しかし知世は小狼が現れるずっと前から、さくらが雪兎にある種、恋に恋するようにただ憧れていた頃から、いつか誰かが現れることを知っていたかのように待っていた。自分が間に入ることのできない「誰か」が存在するはずだと信じ続け、さくらとの関係を深めすぎようとせず、彼女を見守るだけだった。

好きな人とただ「唯一無二の関係でない」という理由で結ばれないことは、もしかすると最も苦しいことかもしれない。何も問題ではなく、誰が邪魔することもなく、どこも悪くない。

ただ、あなたと私は運命ではなかった。それだけ。

たとえ私とあなたの描く線がほんの少し楽しく美しい形を作ったとしても、あなたと私は切り離せてしまう。単純に、あなたと私の間に強い運命がないから。ただそれだけ。自分で作った服を着せてビデオで撮影することが「幸せ絶頂」だと、知世は恍惚《こうこつ》として頬を染める。

運命でなくても人生は続く。『カードキャプターさくら』は2000年に完結したあと、2016年に連載を再開している。再開された「クリアカード編」のストーリーは2021年現在も進み続けている。

もしもさくらが「もう少し成長」し、知世が「好き」の違いを厳密に説明したとすれば、きっとさくらは「さくららしい答え」をくれるだろう。そして説明してもしなくても、知世はさくらの近くでビデオカメラを回し続けるだろう。ビデオはDVDになり、ブルーレイになる。経年は唯一無二でないものを唯一無二でないまま、限りなく唯一無二に近づける。

一緒に戦えなくてもいい。手を繋いでキスしなくてもいい。一番好きな人が他にいてもいい。運命じゃなくてもいい。

あなたを覚えておくことだけが、私の幸せなのだから。

フレッド と ロランス

わたしはロランス

もうこの手の中にないのに、どうしても手放せない

人生は短い。

もしも誰かと一緒に生きたいと望むなら、せいぜい100年弱のタイムリミットが来る前に「この人でなければ」と思える人物に出会えることは最高にラッキーだ。あるいは寿命が尽きる前に、自分の真の姿が分かり、心から望むものが分かり、それらを過不足なく選び取れることは無類に素晴らしい。

生きているうちに何にも代え難いほど愛おしいものの輪郭を掴めたなら、強く抱きしめて二度と離さないだろう。最も「しっくりくる」姿で、最も「しっくりくる」誰かの手を握り、愛したり心を尽くされたりすることは、間違いなく幸福な人生のひとつだろう。

しかし、せっかく見つけた「しっくりくる」もの同士が、どういうわけかお互いに削り合う性質を持っていたら――それも、なぜ削り合ってしまうのか分からないままちびていくしかないとすれば――はたまた、全て分かった上で、やっぱり両立できないのだと思い知るしかないとしたら――

それは不幸な人生と言わざるを得ないのだろうか。

ロランスとフレッドは、とても「しっくり」きていた。

1989年のカナダ・モントリオールの片隅で、ロランスは小説を書きながらハイスクールで国語教師の職に就いている。授業は好評で、女子生徒にもちょっと人気があったりする。最近書いた小説が小さな賞を取ったし、受賞を祝ってくれる善良な知人にも恵まれている。恋人のフレッドはとてもホットで、裕福な実家を出て映画の仕事を得るために奮闘している。

グザヴィエ・ドラン監督『わたしはロランス』（2012年公開）のなかで、フレッドとロランスは酒を飲んだり、爆音でCDを聴いたり、「楽しみを半減するリスト」作りや「黄色はエゴを表す色か?」などの馬鹿馬鹿しい議論に白熱したり、うっとりとセックスしたり、たまにラリッたり、チョコレートに悪態を吐《つ》いたりして暮らしていた。つまり、愛し合っていて、幸せだった。

本書『女ともだち』は女性二人の関係に思いを馳せるためのエッセイだ。

ではなぜ「男性」であるロランスと「女性」であるフレッドを取り上げているのか。それはロランスが30歳の誕生日に、「僕は女になりたい。この身体は間違えて生まれてきてしまった」とフレッドに告げたからだ。

「彼女たち」を「彼女たち」とわざわざ強調する書き方は、私がジェンダーを大いに目印としている証明になってしまうかもしれない。または、【「彼女たち」を「彼女たち」とわざわざ強調する】とわざわざ強調する書き方は、私がセックスを大いに目印としている証明になってしまうかもしれない。もしも今既にどこにも目印を探さなくていい世界が実現していれば、1980年代後半のカナダの、地方の大都市郊外というロケーションが、彼女たちの息苦しさの理由をまるごと引き受けてくれるのに。

とにかくここでは「彼女たち」を取り上げようと思う。なぜなら、いずれにせよ「彼女と彼」だった二人が「彼女たち」になったところから、この物語が始まるからである。

フレッドは「女性として生きたい」というロランスの告白を聞いて取り乱した。ロランスの「男性」の要素を少なからず含めてロランスを愛していたからだ。そして自身の「女性」の要素を少なからず含めてロランスに愛されていると思っていたからだ。

女のロランスが女のフレッドを愛するということを想定していなかったフレッドは、まずこう思う。（つまり、私が愛したロランスは本物のロランスじゃなかったってこと？ そしてロランスが私を求めたあのまなざしや性的な衝動は、心からのものじゃなかったってこと？）

それから、ひとしきり口論した後、こう思う。「拒絶するような世代でもないし、タブーなんかない。自分がロランスを支えて、一番の理解者になってあげよう」。

フレッドはロランスを愛していたのだ。ロランスと初めて会った時、「すごいことが起きる」と感じたことを思い出したのだ。そして何より、今さら離れられなかったのだ。

ロランスは嬉しかっただろう。

実際、上手くいきそうな予兆はそこら中にあった。ロランスの生徒はスカート・スーツを着て登校した教師に真っ先に先週の授業の質問を投げかけたし、同僚は気の利いたジョークを繰り出して迎えた。フレッドはロランスのために買い物をしたし、友人たちは明るい興味を開示しながらにこやかに会話を続けた。

だが、上手くいきそうな予兆には不気味な凪《なぎ》も潜んでいた。学校の廊下を歩けば無垢で、無邪気で、無分別で、無遠慮な視線がロランスへ向けられる。保護者から苦情が寄せられたせいでロランスが教職を解雇されるシーンでは、話の分かる同僚は無力である。ロランスはフレッドの買ってきたウィッグを、彼女の前でだけ無理して被る。友人たちは明るい会話を続けようと努力するあまり、無意味な問いを捻り出す。「……靴のサイズは？」（女として生きると決めたからといって足のサイズが即座に変わるだろうか？）。ロランスの母ジュリエンヌはわが子の告白に無反応とも言える。ジュリエンヌはロランスの心の機微に寄り添うよりも、夫との間にトラブルを起こさないことの方が重要なのだ。

フレッドはこの不気味な凪を無視しようとした。

大丈夫、きっと何ともない。

常にロランスを心配し、自分たちが町の人々にどう見られているかを考えては肝を冷やし、かつて思い描いていたイメージから逸れていく未来を眺め、新しい未来を思い描けないことに愕然とし、ロランスの告白を微かに恨めしく思い、すぐに恨めしく思ったことを悔い、「一緒にいてくれるだけでいいから気を遣わないで」と微笑むロランスに少なからず苛立ち、すぐに苛立ったことを悔い、フレッドは服装までどんどん地味になっていく。

不安を無視して、無視して、無視して、ある日突然、フレッドは爆発する。ロランスの装いについてあれこれ詮索するカフェ店員を怒鳴りつけ、ランチの載っていた皿を叩き割り、お礼を言おうとするロランスをハンドバッグで殴って、フレッドはタクシーに乗り込んだ。それからドレスに着替えて出かけ、パーティで出会った男とセックスした。たぶん五回か、六回。パーティで出会った「男性」と。

フレッドが「今ならまだ昔の二人に戻れるかもしれない」と思っていた頃、ロランスは「今ならまだ二人で一緒に進めるかもしれない」と思っていた。自分は、子供も、穏やかな家庭も、全部フレッドにあげられる。今は調整期間なだけ。うまくいくためには、しばらく男の格好をすることだって厭わない。

ロランスが不気味な凪を無視していたのか、気づいていなかったのか、ものともしなかったのか、何か別の存在として捉えていたのかは分からないが、二人は結局、別離を選ぶ。

フレッドはモントリオールのアパートを出て、電車で2時間ほど離れた町、トロワ・リヴィエールに越していった。

……これで終わりならいっそ良かった。

「私は男の身体で生まれたけど、女として生きます」
「そう、私は女として男を愛したいから、男女の関係としては別れよっか」
「じゃあ親友ってことで」
「OK」

「私は男の身体で生まれたけど、女として生きます」
「そう、じゃあ私は女として女を愛することにする」
「じゃあ恋人ってことで」
「OK」

こんな風に新しい関係を築く二人組も、今までと変わらない関係を築く二人組も、それ以外の二人組も、割とたくさんいるだろう。2020年代に突入した現代ならなおさら。だけどそれは2020年代のどこかに暮らす二人組が、1980年代のフレッドとロランスよりも全く身軽で自由だという意味ではない。

1995年のトロワ・リヴィエールで、フレッドはレオという男の子を出産して母親になっていた。裕福な夫と結婚し、大きな屋敷に住んでいた。かつてロランスがフレッドに愛情を込めてそうしたように、フレッドはレオに乾いたばかりの洗濯物をひっくり返す。トロワ・リヴィエールはひたすら穏やかな土地だった。フレッドお得意のシナモン・ケーキを作りたくても、カルダモンなんてどこにも売っていない。スーパーの店員は「生姜で代用したら?」と言うばかり。フレッドは結婚は失敗だったと思わないように努めている。この豪邸が、あんなにも苦しかったアパートよりも無味無臭であることに気づかないよう注意している。

その頃ロランスはというと、なんとフレッドのすぐ近くに潜んでいた。新しい恋人シャルロットの車をフレッドの邸宅前につけ、ガラス越しにこっそり見つめ続ける。毎日頭の中でフレッドに語りかける。新しく出版された自著をフレッドに送りつける。一行の例外もなく、隅から隅までフレッドにインスピレーションを得て書かれた詩集のタイトルは『彼女たち』。

間違いなく冷静で、何にも心を動かされず、絶対に間違えない状況に置かれている人ならば、明らかにロランスが「いらんことしい」だと分かるだろう。あるいは本を受け取った後、出版社を通じてロランスに手紙を送ったフレッドだって「いらんことしい」だとジャッジするだろう。せっかく落ち着いていたのに、二人とも、余計なことするからじゃん！　と思うだろう。

それでも、どうしたって離れられないことはある。どうしてもお互いに「この人しかいない」「この人とならすごいことが起きる」と突き動かされて、胸の内に滝のように水が渦巻くことは、絶対にある。

うっかりと、でも必然的に再会したフレッドとロランスは強く抱きしめ合い、数年前のように馬鹿馬鹿しい遊びをして笑い、セックスをする。フレッドは愛撫の中で、ロランスの胸と股間を確認する。「彼」が「男性」であるかどうかが気になって。

やっぱり一緒に生きていけるかのように見えた二人は、かねてから二人で旅行したいと話し合っていたイル・オ・ノワールという（実在しない）島を訪れ、そこで再び別離にいたる。

イル・オ・ノワールにはロランスの知人の知人が住んでいた。かつて「女性」だった「男性」と、「女性」のカップルだ。彼らと話すうちに、フレッドはロランスのいう「女になる」がどういうことを想定しているのかを初めて決定的に知る。つまり、性別適合手術がフレッドが思っているよりも身近なものであると知る。フレッドは混乱し、トロワ・リヴィエールに置き去りにした夫と子供に電話をかけ、「先輩カップル」の家を飛び出して彼らを非難する。

言い争いの中、フレッドは数年前、ロランスとの子供を堕胎していたことを告げる。ロランスが「女として生きる」と告白したすぐ後、ロランスには何も言えずに。

1999年、作家として有名になったロランスはモントリオールで取材を受けていた。

インタビュアーに「何を求めているの？」と質問され、ロランスは次のように答える。「私が発する言葉を理解し、同じ言葉を話す人を探すこと。自分自身を最下層に置かず、マイノリティーの権利や価値だけでなく、〝普通〟を自認する人々の権利や価値も問う人を……」

普通という言葉はやっかいだ。ロランスは時々、ちょっと語弊のある言い方をする。普通に縛られずに、飛び越える。乗り越える。そうやって「普通」への警鐘を鳴らす。ロランスに女性として生きる自由と権利があったように、フレッドにも女性として男性を愛する自由と権利があった。女性として男性を愛したい気持ちと、愛するロランスと一緒にいたい気持ちとの相剋《そうこく》そのものが、フレッドを非難する。フレッドの目指した方向性が偶然にも「普通」と言われるものに多分に沿っていたために、まるでフレッドが「普通でいたかったから」ロランスを「受け入れられなかった」かのような言い回しがほんの少しだけ過剰に、空気中に舞い上がる。

ミレニアムを目前に、フレッドとロランスはまたしても再会を果たす。フレッドは夫と離婚してモントリオールに戻っていた。

記念すべき、だったはずの再会の日、フレッドはロランスの新しい小説を読まずに約束のバーに来た。ロランスは「私が女にならなくても二人は終わっていた」と言う。フレッドはロランスに「地上に降りて来てくれない?」と言う。ロランスはフレッドに「地上に降りたくない」と言う。噛み合わない。決定的に噛み合わない。それでもやっぱりお互いを手放せない。

悲しい矛盾が二人の間に起きた時、二人ともが悪くないという事態は、ある意味では一番面倒だ。

「自分が女にならなくても二人は終わっていた」というロランスの言葉は嘘なのではないかと私は思う。ロランスは、二人が振り返らなくて済むようにそう言ったのかもしれない。

これからもずっと「本当は乗り越えられたのではないか?」「私たちは間違えたのではないか?」という疑惑にかられ続け、そのたびに理性で「いや、誰も悪くなかった」と唱え続けることに比べたら、「性格の不一致」は単純明快で便利な事象だ。だって、ソリが合わないんだもの。そりゃあ仕方ない。

私たち、「あなたでなくてはダメ」じゃなかったのだ。私たちはどのみち終わっていたのだから、あなたは私のことを忘れていい。「あったかもしれない」分岐点を探さなくていい。

ロランスのこんな作戦は、実はあまり功を奏していないような気がする。重苦しい空気に満ちたバーを、フレッドはトイレに行くふりをして抜け出す。ロランスも黙って立ち去る。風に舞い上がる落ち葉の中、二人とも、何度も何度も振り返る。

かつての二人のアパートの食卓には、一枚のパネルが飾られていた。イル・オ・ノワールの写真だ。二人を救うはずだった、愛着のあるもの全てを取り戻してくれるはずだった、希望を見出せるはずだった島。パネルの前に、円柱型の瓶に詰められた砂糖が置かれている。そういえばフレッドが妊娠検査薬を買った時、彼女は本当はコーヒーに入れる砂糖を買うためにドラッグストアへ行ったのだ。

旧約聖書でロトとその妻が破滅を予定されたソドムから逃げ出す途中、ロトの妻が「決して後ろを見てはいけない」という言いつけを破って振り返り、その姿を変えられてしまったのは砂糖ではなく塩の柱だ。振り返ってはいけないのに、それでも振り返らずにいられない。

しかし、ふと疑問に思ったのだが——振り返るというのは、果たしてネガティブな行為だろうか。答えが見つからないのに振り返るのは無益なことだろうか。

また秋が来て、冬になる。二人はいつも冬の中にいた。イル・オ・ノワールは「黒い島」の名に反して、雪で真っ白だった。10年前のモントリオールも、トロワ・リヴィエールも、雪の白に塗りつぶされていた。離れ難い気持ちが行き場をなくして、こじれて、煮詰まって、結晶化したものが砂糖だろうが、塩だろうが、白い粒を白い雪の中に落とせばすぐに見えなくなるだろう。それでも落とした本人たちは、そこに「あった」ことを知っている。

二人はまた会うかもしれない、と私は思う。

ロランスがまた新しい本を出す時に。フレッドがどこかの誰かと再婚する時に。レオの高校の卒業式に。ロランスの母親の葬儀で。引っ越しの葉書をきっかけに。誕生日にかこつけて。

些細な理由を見つけて、また会って、やっぱり噛み合わないことを確認して、ほんの少しがっかりして、トイレに行くふりをしてこっそり抜け出して、振り返り、振り返り、立ち去っていく。そしてまた数年後、口実を見繕っては「会わない?」とメッセージを送る。その間隔が5年になり、7年になり、10年に、15年になり、いつか随分長く会っていないと気づく頃、思いがけず知人づてに、どちらかの訃報を知ることになるかもしれない。

いつも隣にいなくても、二度とセックスしなくても、その死を看取ることができなくても、最後にどうやって別れたかを思い出して、記憶の中で交わした会話が微笑ましいものじゃなかったとしても、やっぱり私たち、今全てをリセットして最初からやり直しても、寸分違《たが》わずああなるだろう。

それを確認するためだけに、私たちは何十回も、何百回も、同じ景色を振り返るのかもしれない。

前斎宮と中将

我が身にたどる姫君

「元カノ、絶対許さねえ」とあなたに言えるのは私だけ

Dead Lesbian Syndrome（死せるレズビアン症候群）という言葉がある。Psycho Lesbian（病的な心理を持ったレズビアン）という言葉もある。フィクションにおいてレズビアンのキャラクターが悲劇に見舞われ死亡する確率や、悪役を担わされる確率が高いという統計から生まれた言葉だ。Bury Your Gays（ゲイの埋葬）という言葉にも表されるように、レズビアン以外のセクシュアルマイノリティのキャラクターも同様に扱われがちだが、女性の快適でなさよりも男性の快適でなさの是正が進みやすいという現代社会の特性が反映された結果、レズビアンとゲイを比較すると、レズビアンの扱われ方の是正が遅れているのが現状と言える。

突然だが、鎌倉時代に成立した擬古《ぎこ》物語『我が身にたどる姫君』をインターネットで検索すると、しばしば「レズビアン」「レズ」「百合」とサジェストされる。このサジェストは、『我が身にたどる姫君』の登場人物の「前斎宮」という女性が、複数人の女性と恋愛やセックスをする描写があり、その描写が日本最古のものとされているからだと思われる。

「レズ」という表現は、かつて蔑称として流通していたり、主に男性が主体となって消費する娯楽の分野で頻繁に使われてきた歴史があるため、最近では一周回って何でもないことのように、または蔑称の歴史を逆手に取ったギャグとして当事者が軽いトーンで使ったりするとはいえ（または、だからこそ）少し身構えてしまう。なにしろインターネットは、「『我が身にたどる姫君』は日本最古のレズビアン文学である」という情報に切実な希望を見出そうとする視線と、イレギュラーな面白さを享受しようとする視線が迂《う》闊《かつ》に入り交じる場所だ。深刻な警告ワードとしての「Psycho Lesbian」と、より気軽に・刺激的にレズビアンを消費するための近しいワードが同時に検索結果に表示されてしまう場所だ。

『我が身にたどる姫君』の「注目するべき」レズビアンの描写は、全八巻の物語のうち、第六巻に収められている。

紙幅の都合で多少前後するが、ざっくりと次のようなあらすじだ。

①平安時代のある時、女帝が即位した。即位に伴い、それまで伊勢神宮で斎宮を務めていた女性が都に戻ることになった。この「前斎宮」は、前々帝・嵯峨院の娘であり、新しく即位した女帝の異母妹でもある。

嵯峨院は帰京した娘に冷たく、自分の元に引き取ろうとしない。母は既に亡く、前斎宮は母方の叔母・大納言の尼君のもとに身を寄せる。

②ある日、女帝に恋しながらも想いを遂げられない右大将という男性が、「前斎宮とやらは、女帝の異母妹ならきっと顔も似ているだろうし、不自由な暮らしを嘆いているに違いない」と覗きに行く。

しかし右大将の思惑は外れ、屋敷からはやけに楽しそうな声が聞こえてくる。目を凝らすと、豪華な部屋で女性が二人、着物を被って、おそらくセックスをしている。それは前斎宮と、彼女のお気に入りの女房「小宰相」だった。右大将は面食らって帰宅する。

前斎宮には、小宰相よりも前に目をかけていた女房がいた。「中将」である。中将は相思相愛だったはずの前斎宮が心変わりしたので嫉妬で怒り狂っている。前斎宮はしらばっくれながらも、中将に呪われることを恐れている。

③女帝は素晴らしい人物で、理想的な治世を行いながら、異母妹の前斎宮を気にかけている。前斎宮は女帝の心遣いに喜ぶが、一方で中将の呪いに怯え錯乱気味になる。

④前斎宮の屋敷の庭で男物の扇（おそらく右大将のもの）が見つかり、「誰が覗いてたんだ⁉」と大騒ぎになる。前斎宮に愛されたい三人目の女房「新大夫」が持ち主探しに奮闘。前斎宮は新大夫を気に入り、小宰相と三人で寝たりする。中将はとにかくキレている。

新大夫が若い男性・源中将を連れてくると、前斎宮はいきなり源中将と熱烈に付き合い始める。

⑤大納言の尼君は前斎宮に嫌気がさして、家財を全部持って出て行ってしまう。異母妹を気の毒に思った女帝が収入源を分け与えてくれたので、前斎宮は安心して暮らせるようになる。その直後、女帝は崩御。

⑥後日談。小宰相は転職し、宮中勤めをしながら、たまに前斎宮に会ったり手紙を書いたりしている。新大夫は前斎宮に愛され続け、彼女の屋敷のすぐ前に家を設計してもらい、生涯を終えた。

中将は小宰相が屋敷を出た時には喜んだものだが、のちのち体調を崩したきり回復せず、聞くところによると恐ろしい形相で悶死したのだとか……。

『我が身にたどる姫君』が現存する日本最古のレズビアン文学なら、物語の時系列的に、日本最古のレズビアンカップルは一番最初に交際していた前斎宮と中将ということになる。

ことさらにエキセントリックな振る舞いを強調される前斎宮と、顧みられず孤独のうちに亡くなった中将のカップル。

彼女たちは、もしかして、Psycho Lesbian／Dead Lesbian Syndromeに該当するのだろうか？

そもそも『我が身にたどる姫君』は、前斎宮がメインの物語では全くない。前斎宮のエピソードはものすごーく長くて、複雑で壮大な物語のごく一部なのだ。プロローグは女帝の時代よりも三代ほど前まで遡る。

前斎宮と女帝の父親＝嵯峨院、の母親＝皇后（当時）が、帝（当時）に黙って関白（当時）とセックスして、妊娠する。生まれてすぐに隠された女児こそが、タイトルロールである「我が身姫」だ。時の帝《みかど》には皇后と、もう一人の妻・中宮（当時）がいた。「我が身姫」が中宮の血を引く男性と結婚し、すったもんだのうちに血が入り混じり、最初に確執があったはずの皇后と中宮の家系が繋がっていく……という筋書きである（ちなみにこのエッセイに我が身姫はほとんど出てきません）。

何はともあれ、嵯峨院が帝を引退して上皇になった時、跡を継いだのが現女帝の夫・三条院（当時は三条帝）だった。そして三条帝が退任する時にちょうどいい男子がおらず、嵯峨院にも息子がいなかったため、ここに女帝が誕生したのだ。

最初はすぐに退任するはずだった女帝は、諸事情で任期が延びるうちに持ち前の聡明さと人徳を発揮し、理想的な治世を行う。五巻の終わりで女帝の権威と神性は最高潮に達し、彼女は崩御する。そしてその直後に、「聡明すぎる」女帝と姉妹であるにもかかわらず、「奔放すぎる」前斎宮が登場するのだ。六巻は、女帝崩御までの時系列を別視点でオムニバス的に再演しているため、一見すると、削除してもメインストーリーに影響はないようにさえ思える。

前斎宮は周囲のほとんどの人から、ヤバいやつだと思われている。

連綿と紐づく家系図がくっついたり離れたりを繰り返す五巻までの時間の中、彼女は伊勢で「気まま」ではあるが孤立した生活を強いられてきた。都に戻ってからも、父親・嵯峨院には露骨に距離を置かれ、愛してくれた母は既におらず、やはり家系図の中でぽつんと一人浮いている（女帝の「妹」であることと、いわゆる政治的な厄介払いや跡目争い調整の観点から人選されたという説もある「斎宮」であったことも、気になる設定だ）。

小宰相には生き別れの兄が訪ねて来たりもするのに、前斎宮は女帝に想いを寄せる右大将が彼女を身代わりにするべく覗き見しに来るばかり。しかも小宰相とのセックスを、勝手に「むつかしうもの狂ほしげなる」などと描写される。前斎宮に仕えるモブ女房まで、露骨に貧相さや無作法さが強調される。

「この世の思ふことなきためし」（悩みのない人間の好例）とまで書かれ、女帝と比べる

CHAPTER

2

別れても別れないふたり

とどこまでも呑気で、何も考えていないように見える。ともすれば女帝を引き立てるためのピエロのように、彼女の「奇抜さ」は描かれる。

台詞は常に食い気味で、しばしば二度ずつ同じことを繰り返して前のめりな印象を与えるし、現代語訳も、意図的にがさつさや、図々しさ、俗物的なニュアンスに寄せられていたりする。

要するに、アホだと思われているのだ。

しかし前斎宮はその実、けっこう普通にいい人だ。

基本的に明るいし、「お父様もお姉さまも叔母さまも冷たい……」と嘆きながらも、嬉しいことがあるとすぐにテンションが上がる。露骨に避けられている叔母にも気にせず朗らかに話しかける。

「中将に呪われている気がする」「物《もの》の怪《け》に襲われている」と言いながら、長らく中将を屋敷に住まわせ続けているし、小宰相との「浮気現場」を目撃して荒々しく戸を閉める中将に、「そんなに怒ること？」と言う様子は空気が読めないというより、その時に思った通りに振る舞っているようにも見える。

着物や扇の良し悪しも分かる。「御取り所には、もの惜しみ、わろびたる御心なく」（ケチケチしないところが長所である）と書かれているように、さほど裕福でない時でも気にせず扇や着物を人にあげたりもする。大納言の尼君が母の遺産をおおかた持ち出して黙って引っ越しても、騒ぎ立てるのは主に女房たちだけで、前斎宮が不満を言う台詞はほぼない。

よく言えば大らか、わざと悪く言えば大雑把。

一方、その「元カノ」の中将はどちらかというと、物事を煮詰めて、煮詰めて、雁字《がんじ》搦《がら》めになるタイプと見受けられる。「もとより心ざまの憎い気、もの挑み、推量、長言《ながごと》、戯《ざれ》言《ごと》をのみ好みし人」（ちょっとイヤなやつで、好戦的で、邪推したり、つまらない話が長かったりした）とまで書かれている。

実は中将には前斎宮の他に、男性の恋人がいる。中臣という名の、「いふよしなく痴《し》れたりし者」（箸にも棒にもかからないバカ）というひどい言われようの男性だ。顔も体格もイマイチとわざわざ書かれている。どうにも冴えないにもかかわらず、張り切って古い歌を引用して口説いてくる、朴訥《ぼくとつ》とした男。中将は彼を内心バカにしながらも、つい『源氏物語』の藤壺の歌を返したりして、ややミーハーなやり取りを経て、気づけばくっついていた。中臣は善人なのだが、都に戻った中将にはやっぱりどうにもモサく思えてしまう。

とはいえ気分的にも、金銭的な事情からも、夫に「出てけ」とは言いづらい。

おそらくそんなタイミングで、前斎宮は小宰相に目移りしていったのだ。


自分を忘れて小宰相に夢中になる前斎宮を見て、中将は「(目に近く)移れば変はる世の中を(行く末遠く頼みけるかな)」と『源氏物語』の紫の上の歌を引用して怨む。

中将にとって簡単に移り変わるのは愛でもあり、世の中における自分そのものだったのではないか……と想像してみる。そして、彼女はいっそこんな風に思わなかっただろうか。

――冴えないのは一体誰だ? この田舎者の男をバカにしながら、他に頼るアテもない。前斎宮に愛されてこその私だったのに。前斎宮が、私を輝く私にしてくれる、唯一の美しく自由なものだったのに。


伊勢時代に初めて(前)斎宮に目をかけられた時、場合によっては初めてセックスした時、中将は、彼女の自由さに心を打たれたかもしれない。ああ、女というものは、こんなに自由に振る舞っていいんだ! と衝撃を受けたかもしれない。

血の系譜と、男女の因縁の引き合わせと、既存の世界のルールによって織りなされる『我が身にたどる姫君』の世界の中で、前斎宮の存在は、あまりにも軽やかである。

人間が作った既存のルールを、人間が心棒とする血の重さを、人間が決めた「女」のレギュレーションを、前斎宮以外は誰も壊せない。女帝は女性の「帝」として素晴らしい世界を作ったけれど、世界そのものを作り替えられたわけではない。男女の血が混ざり合って、ようやく『我が身にたどる姫君』の世界線の悩み事は溶けていく。その傍らで、前斎宮は好き勝手している。

前斎宮は定石をめちゃくちゃにする。

例えば、淡い期待を持って覗きに来た右大将にセックスを（意図せず）見せつけてフラグを折りまくる。右大将は帰路につきながら（えっ……好きな女に似た薄幸の美女が親や男に見向きもされずに泣き暮らしていると思ったのに……普通、ここから恋が始まったりするもんじゃないの？）と狐に抓《つま》まれた気分だっただろう。

例えば、男女の「誠実でない」密通によって宮中に多くの悩みの種が生まれているのをよそに、小宰相と新大夫と三人で寝たりもする。好き！　と思ったら思ったまま突撃する（前斎宮と小宰相の間に圧倒的力関係があり、小宰相が行為を心から望んでいるようには見えない点は心に留めなければならないが）。

例えば、意に沿わぬ男性に夜這いをされて抵抗する様を「みっともない」「無作法」と書かれるキャラクター・女三宮や、帝に無理やりセックスを強いられて体調を崩し死に至るキャラクター・一品宮と同じ物語世界の中で、意中の男性に好きなようにアプローチし主導権を握る。

彼女は当時の価値観では一般的に「こうあっては見苦しい」とされていることを、全てやってみせる。前斎宮が楽しそうにしていると、皆驚いたり、嫌がったりする。

女性は普通、男性とセックスし、跡継ぎを産むもの。それも当然、決まった男性に操を立てるもの。もちろん男性から求められるのを待つもの。男性と交際するなら女性との交際には終止符を打つもの。

そんな定石をボコボコに破壊し、前斎宮は中将を愛し、小宰相と新大夫を愛し、源中将を愛し、源中将を愛しながらも小宰相との交流を続け、新大夫と関係し続ける。

彼女は誰にも好きにさせない。そして好きにする。この世界が前斎宮に興味を示さずに無視しようとする時、前斎宮の方ではそんなことはお構いなしで、世界を無視しているのである。

もしも、《作者不詳とされている『我が身にたどる姫君』を書いたのは女性でしょうか？男性でしょうか？》というクイズがあったとすれば、私は「女性だと思う」と回答するだろう。

そしてもしも私が女性として、『我が身にたどる姫君』の作者「自身」だったとしたら——。

きっと私は、当時の社会の中で、女の身体に生まれたせいで勝手に「なし得ないこと」にされているあらゆる要素を詰め込むだろう。男性の一方的な夜這いを拒否し、セックスを断り、不快なことに不快感を示し、男性社会を覆し、男性と関わり合うかどうかを自分の一存で決め、信頼できる人と連帯し、権力を目指したり目指さなかったりし、男性をめぐる敵同士ということになっている誰かと和解し、知識を深め、帝となって理想の政治を行う。そんな風に、世界にまつわるあらゆるカタルシスを詰め込むだろう。

そして世界のルールの中で生きることに対するあらゆる希望を詰め込んだあとで——ふと、この世界の仕組みそのものをぶち壊してみたくなるだろう。

女帝が、この世界の中に女性として女性のための理想的な居場所を作ったとすれば、前斎宮は、そもそも女性の生きづらさを自分に与えようとするこの世界のルールそのものを破壊しているのだ。

さて、女性の生き方を女帝と前斎宮の二人に託すとすれば、気の毒なのは中将である。彼女は物語の中で、世俗の価値観に所属させられたまま、世俗の価値観をぶち破る存在としての前斎宮とカップルになってしまった。作者が女性として世界の中に何とか居場所を見つけようと踠《もが》き、その一方で「こんな世界にはそもそも従わなくてもいいんじゃない？」と祈りを込めた（かもしれない）エポックメイキングなキャラクターと、自分自身はある種既存の世界の象徴のような役割を課せられたままで愛し合わなければならなかったのだ。

——好き合った相手が、自分には理解できないメタ的な視座で自由だった。しかも自分はメタ的に自由ではない。

メタなどと書くと、言葉遊びに終始しているみたいでどうにも感じが悪い。しかし読者である私（第三者）が俯瞰《ふかん》して好き勝手に分析のまねごとをするように遠くから理解するのではなくても、はっきりと理由は分からなくても、ああ、目の前のこの人が、今私に笑い掛けているようで、全然違う視座のことを考えているのだろう、と無力感にかられることは、案外身に覚えがあるものだ。

ああ、きっと自分の存在は、この人にとって恋のフロアにはあっても、人生全体や、運命や、宿命には絡んでいないのだろう。

そんな風に相手をなんとなく巨大に感じて、自分の葛藤の小ささにわけもなく泣きたくなる瞬間はあるものだ。

それでは、前斎宮と中将は、最初から寄り添うべくもない、何かの間違いでくっついた二人なのだろうか。

しかし私はむしろ、物語の中で前斎宮を人間として扱い、人間として愛し、人間として回収できるのは、中将だけではないかという気さえする。

本項の冒頭で、レズビアンが登場するフィクションに対するいくつかの警告的な言葉を挙げたが、その他にも警戒されている構造がある。「最初はレズビアンとして登場したキャラクターが、どちらかというと不用意と思える成り行きで男性に回収される結末」だ。フィクションで「不用意に」「何の気なしに」このような展開が繰り返されると、結局マイノリティはマジョリティに引き受けられるべき存在だというメッセージを打ち出すことになりかねないからである。

（この本のタイトルは【「女」「ともだち」】だが、私は「ともだち」という言葉を使うことで、性愛をことさらに友情に「薄め」ようという隠蔽に加担しているかもしれない、と意識し続けなければならない）。

しかし、前斎宮と中将は、マジョリティに回収されるという足枷《あしかせ》からは解放されている。だって、彼女たちは物語が始まった時、既に破局していたのだ。源中将という男性が登場するよりもずっと前に、特に理由もなく、ただの性格の不一致によって。

日本最古のレズビアンカップルが「ただ単純に別れた」という事実に私は救いを感じる。

そしてもう一つ、希望を見出す点がある。

中将は、実は前斎宮を動揺させられる、唯一の存在なのである。

障子を乱暴に閉めるとか、歌で詰《なじ》るという具体的な行動から、「もしかして呪われてるかも……」という不安を感じさせる間接的な行動までを含めると、ある意味では、中将は前斎宮に影響を与えられた唯一の存在である。

ある意味では、中将は前斎宮よりも自由に世界のルールを破ることができる存在である。

ある意味では、中将は前斎宮の性質を真剣に変えようとした存在である。


誰も、「なぜ」前斎宮が「そんな風」なのかを考えない。

誰も、六巻よりあとの前斎宮の行方を知らない。新大夫の君が「老後まで」前斎宮に目をかけられたと書かれ、最終巻では転職したのちの小宰相の様子が描かれているにもかかわらず。

きっと当の前斎宮は、さほど語られたいとも思っていないだろう。たぶん、口では「皆、私の行く末のことを気にかけてくれなくて冷たい……」と嘆きながら、次の瞬間には好きな相手に夢中になっているだろう。それは女性だったり、男性だったり、そのどちらでもなかったりするのだろう。

それでも、ただ一人、前斎宮の屋敷を後ろめたく去り、「悶死した」とまで書かれた中将だけは、ずっと前斎宮を怨んでいたかもしれない。

『我が身にたどる姫君』六巻のラストでは、亡くなった女帝が、腹心の部下だった女房たちと天上で再会し、楽しく歌会を開くというエピソードが語られている。

中将は死後、どこかで前斎宮の魂を見つけられただろうか。

肉体を離れて現世のルールから自由になった中将なら、笑って一緒にお茶を飲めたかもしれない。

あるいは、一緒にお茶を飲むことが仲良しの印だなんて常識は、ちっとも前斎宮には通じなくて、待てども待てども想い人の魂は来なかったかもしれない。

はたまた、誰もが忘れ去った前斎宮を追いかけて、追いかけて、地の果てまで追いかけて呪おうとした中将のすさまじい形相は、今度こそ前斎宮の目を再び輝かせ、その頬に熱いキスをさせるかもしれない。

CHAPTER 3

くびきから逃れるふたり

登場人物は三人いる。

女と、女と、それから女を女として扱おうとする「誰か」。女が女であることで成り立つエンタテインメントを享受しようとする「誰か」。

例えば、第3章までのページの中で繰り返し「女の敵は女」という言葉の狭さを叫んできたが、この言葉が狭いのは、二人分のスペースしかない言葉の中に、「誰か」という三人目の人物がいるからだ。

「女」の敵は「女」なんだから二人じゃん、と思うかもしれない。しかし最低でも三人の人間がいなければ、このフレーズは生まれない。女と女の二人しかいなければ、「女の敵は女」という表現は持ち出される必要がない。もしも二人が心の底から憎み合っていたとしても、お互いしか存在しない世界では、「私の敵はお前」になるからだ。「女の敵は女」という世界観を成立させるためには、もう一人要る。女を女として扱おうとする「誰か」。「女の敵は女」というエンタテインメントを享受しようとする「誰か」。

例えば、「女と女はずっと一緒には生きられない」と、当事者である女性たちがふと心細くなる時にも、登場人物は三人いる。

「女と女」なんだから二人じゃん、と思うかもしれない。しかし最低でも三人の人間がいなければ、このフレーズは生まれない。女と女の二人しかいなければ、彼女たちが「女」かどうかを気にする人も、いつかは終わる関係だとほのめかす人もいない。お互いしか存在しない世界では、「私はあなたと一緒に生きる、または生きない」になるからだ。

彼女たちが「女と女はずっと一緒には生きられない」という狭さを感じるためには、もう一人要る。女一人につき、きちんと正しいらしい相手を宛がおうとする「誰か」。女と女の関係のサステナブルでなさを楽しもうとする「誰か」。

この「誰か」はいつもくびきを持って待っている。くびきとは、牛や馬を車と繋げて、引かせるための器具である。

彼女たちを思い通りの方角へ向かわせ、思惑通りの荷物を肩に載せながら、負荷を和らげて気遣うための器具である。

そんなもの振り払えばいいじゃないか、と言うのは簡単だ。

誰に何と言われようと、どんな風に扱われようと、気にしなければいいではないか。好きなように生きればいいではないか。好きに生きられるように努力すればいいではないか。

だけど積み荷がなくならないままくびきを外すと、ただ呼吸が苦しいだけなのだ。既に「誰か」が私とあなたのそばに立っていて、予め積み荷が載せられている場合には、くびきを装着したまま歩き続けた方がはるかに楽だと思えてしまうのだ。

一体誰がその「誰か」なのだろうか？

実は「誰か」を特定し、指を差して糾弾することは難しい。たとえくびきを直接取り付けた経験がなかったとしても、積み荷があってこそのエンタテインメントを見て、体感して、匂いを覚えれば、誰でも「誰か」になり得るからだ。「誰か」は世界のあらゆる場所に存在する。「誰か」は作者だったり、読者だったり、キャラクターだったりする。

フィクションなのだから現実世界で傷つく人はいないだろうと安堵を強要することは、くびきを振り払えと叱咤することよりももっと容易《たやす》い。しかしフィクションの中で作者が、読者が、キャラクターが、女性キャラクターに積み荷を引かせ、「ほら、くびきを装着すると呼吸が楽になりますよ」と誘うたび、重い車輪が地面にめり込み、現実世界で再び同じ現象が起きるための柔らかな土が耕される。

そしてだからこそ、フィクションの中で作者が、読者が、キャラクターが「誰か」の視線を遮り、指し示される方角から逸れ、取り付けられた器具を破壊しようとするたびに、私たちはどうしようもなく奮い立ってしまうのだ。

ただ好きだと口に出すこと。
こんな世界で生きてられっか！　と気づくこと。
構造を見破ること。
構造から抜け出して見つめ合うこと。
目の前のあなたを、あなただけを憎むこと。
いつまでも一緒にいたいあなたと、いつまでも一緒にいること。
最終章ではくびきを壊す二人を渇望しようと思う。

志水由布子と倉田知世子

櫻の園

女でいなくていい場所で、私はあなたが「好きよ」

冬の朝、私は通学路で先生に呼び止められた。マフラーの巻き方が校則違反だという。私が通っていた女子校には中学校と高校があり、中高一貫して「マフラーはコートの襟の中に全て収納しなければならない」という規則が厳しく定められていた。理由は、「変質者に引っ張られるから」である。誰もが馬鹿馬鹿しい校則だと嫌っていたが、誰もその理由を馬鹿馬鹿しいとは思わなかった。「そういうこと」があると知っていたからだ。

2018年7月、お茶の水女子大学の室伏きみ子学長が、戸籍上は男性で性自認が女性である学生の入学をめぐって会見を行い、次のように述べた。

——はるか以前の社会と比べると格段に進歩したが、それでも様々な場で女性が職業人として活躍するには困難がある。その現状を変え、女性たちが差別や偏見を受けずに幸せに暮らせる社会を作るために、大学という学びの場で、自らの価値を認識し、社会に貢献するという確信を持って前進する精神をはぐくむ必要があると考える。それが実現できるのは、女性が旧来の役割意識などの、無意識の偏見、そういったものから解放されて自由に活躍できる女子大学だろうと考えている。

女子校とは、「女子」の名を冠していながら「女子」を「女子」たらしめないためにある。女子校では女子は女生徒ではなく生徒として扱われる。出席番号はいつでも女子から始まる。女ではなく人間として数えられ、女ではなく人間として生きられる。なぜなら彼女たちを女子として際立たせ、女子でないもの——普遍的な人間——と比較して切り離し、女子を女子たらしめようとする視線から（概ね）隔離されるからだ。

おそらくそれが、室伏きみ子学長の言う「無意識の偏見から解放される」ことではないかと思う。時々、この隔離について「女子だけの入学を認める女子校は、男子から学ぶ機会を奪っているのでは？」と逆説的にごねる人がいるが、悪手である。女子校とは男子から学ぶ機会を奪うためにあるのではなく、女子から学ぶ機会を奪わせないために存在するのだ。

では女子校に通いさえすれば安心・安全なのかというと、現状、残念ながらそうでもない。マフラーにまつわる校則から分かるように、安全地帯の周りが安全でなくなるだけだ。見られることを回避するために集っている、その周囲を視線が取り囲む。いずれ男性によって補完されるはずの、まだ「未満」のままでプールされている不自由さを眼差す、愛玩的羨望。いずれ自分が「普遍的な人間」でないと知るはずの、まだ「普遍的な人間」でいるつもりの意固地さを眼差す、逆算的感傷。

視線に気づかない者は愛玩的羨望をもって「そのうち分かるよ」と微笑まれる。視線に気づき、それを嫌悪する者は逆算的感傷をもって「そのうち分かるよ」と諭される。彼女たちは「まだ分かっていない」ことになっている。世界を知るには不十分な「女子だけの世界」にいるから。

もしも桜華《おうか》学園が「秘められた神秘的な花園」のように眼差されているとすれば、それは学校の周りに植えられたたくさんの桜が一役買っているかもしれない。創立以来、卒業生が毎年寄贈し、増殖し続けている桜のせいで、この学校は「桜の園」なんて呼ばれている。吉田秋生《あきみ》先生によるオムニバス漫画『櫻の園』には、四人の生徒が登場する。中野敦子、杉山紀子、志水由布子、倉田知世子。四人とも、桜華学園の演劇部。演劇部は毎年、春の創立記念日にチェーホフの『櫻の園』を上演する。

未熟で、何も心配せず、幸福でいられた一つの時代の終わりを悲しみ懐かしむ『櫻の園』のキャラクターを演じながら、四人は「自分を眼差す視線」のために葛藤している。

中野敦子の物語は一番最初に語られる。

敦子には付き合って一年になる、シンイチという恋人がいる。あだ名はシンちゃん。シンちゃんとはラブラブで、キスだってしてした。しかし先日シンちゃんの部屋でデート中に突然ベッドに押し倒されて以来、敦子は憂鬱を感じている。連載当時の時系列に照らし合わせると1985年の男子高校生であるところのシンちゃんは、押し倒すことには性的同意を取らないが、拒否すれば愛嬌たっぷりに大人しく引き下がる。敦子はシンちゃんが好きだ。

四人の主人公たちの中で、敦子は一番「女の身体で男にセックスを求められる」ことそのものへの懐疑がない。彼女は思い切るタイミングを探しているし、ほんとはいつまでもこのままじゃいられないってことを「ちゃんと」わかってる、と言う。女子だけの学校は、敦子にとっては「時間がよどんだようにゆっくりと流れる」場所だ。

敦子は無自覚に、「視線」に気づいている。おそらく幸いにして、敦子が気づいた「視線」の角度は、大きなうねりの一部でありながら、その大きさに隠れて敦子を傷つけなかった。10歳年上の姉が初めての恋人を振り返って郷愁に涙するのを見て、敦子は今現在の自分が「いつか失われる少女時代」であることを未来視的に懐かしむ。そして溌剌とした寂しさを以て、シンちゃんとのセックスを決意するのだ。

チェーホフの『櫻の園』で敦子が演じるのは、アーニャである。家の没落によって生まれ故郷の屋敷と「櫻の園」と呼ばれる美しい庭を失いながら、失っていく原因には抵抗する術を持たないまま、これから開けていく未来に希望を抱いている、若いアーニャである。

二人目の主人公は杉山紀子。紀子はクラスメイトからは「好き勝手に男の子たちと遊んでいる、派手な人」と遠巻きに嫌われている。紀子も「視線」に気づいている。敦子との違いは、「視線」の暴力性をはっきりと認識し、嫌悪し、自分だけは「視線」に傷つけられまい、と身構えていることだ。紀子は「視線」をコントロールし、主導権を握るために男の子たちと遊ぶ。気のあるふりをして、土壇場であらゆる行為を断って逃げ切る。その一方で、中学校時代からの恋人・俊一ともデートする。紀子にはセックスの経験がないし、これからも「させる」つもりはない。

紀子は『櫻の園』でヤーシャを演じる。ヤーシャは没落する家の持ち主に仕えている召使の青年である。狡猾《こうかつ》な野心家で、ロシアの田舎に嫌気がさし、主が以前滞在していたパリに戻りたがっている。

紀子が仲間たちと喫茶店での喫煙を見咎められ補導された時、補導員の男性は彼女たちを「女のコのくせにたばこなんか吸って」「おまえたちみたいなあばずれがヤクザにつかまって性風俗ギャルになるんだよ」と嘲笑する。補導員から連絡を受けた父親は紀子を殴る。学校では紀子たちが売春や堕胎をしたという噂がまことしやかに流れる。

紀子は「女だけの『未満』の世界でいい気になって、まだ真実を分かっていないにもかかわらず、いっぱしに意固地な少女」として、軽んじられながら高嶺の花として扱われる。俊一は深夜に出歩く紀子を心配し、「その気になれば力でねじ伏せられるけれど、そうしないのは嫌われたくないからだ」と愛情のこもった警告を実践で教えようとする。つまり、紀子の部屋で彼女を押し倒してみせる。

「視線」に晒され、女であることを消費されることへの抵抗として「視線」への逆襲を試みていた紀子は、逆襲に更に逆襲しなかった過去の男の子たちに「やさしさ」を見出す。同時に、自分の行動が、クラスメイトたちに「私はあんたたちとは違う」というメッセージになっていたかもしれないと自嘲気味に反省する。「視線」を回避したかった紀子は、おそらくまだ「視線」にはっきりとは気づいていない同胞から、「視線」と格闘した罪で遠ざけられるのだ。

名前も思い出せない男の子たちの「やさしさ」に感謝しながら、紀子は気の合う仲間との共助によって自分の機嫌を取り、クラスメイトを受け入れ、俊一にキスを許す。大きくは変わらないままの世界の中で。

三人目は、倉田知世子である。

知世子は「視線」に気づいていない。あるいは、気づいているが「視線」が自分に向けられることはないと思っている。知世子はそれを「みんなあたしのことオトコって言う」「タカラヅカみたいになりたいわけじゃない」「女にもててどーすんのよ」と嘆き、「好きな人と結婚したい」と憧れながらも、背が高くて「女の子らしくない」から、意中の「アイドルスターのような男の子」に告白することもできないと思っている。上背があるのに胸が大きい自分の身体を不格好だと思っている。知世子はおそらく、四人の中で一番、この世界に対抗する方法を持っていない。この世界の「視線」のあり方を知らず知らずのうちに受け入れ諦めさせられている。

知世子が演じるのは、没落した家の主、ラネフスカヤ夫人その人だ。ラネフスカヤ夫人は敦子演じるアーニャの母親であり、紀子扮するヤーシャの雇用主でもある。傾き続ける家計をどうすることもできず、しかし気持ちは昔のまま、贅沢な暮らしをやめられない。いつも昔の時代を夢に見て、引きずっている。失われゆく少女時代の楽園を泣きながら手放すしかない。かつての夫と恋人によってますます困窮を加速させられたというのに、恋人が哀れな状況と知ると手を差し伸べてしまいそうになる――ラネフスカヤ夫人はいつも、旧時代の香りと、無力な女の香りを纏わされている。「あたしの可愛い　あたしのやさしい　すばらしい園！　あたしの青春　あたしの幸福　さようなら！」とは、ラネフスカヤ夫人の台詞である。

知世子が女役を演じるのは今年が初めてだ。今まで男っぽい振る舞いで高評価を得ていた知世子は、女役になった途端、小さな声で台詞を読み、顧問に注意される。それになんだか、衣装も胸のサイズに合っていないような気がする。胸が目立っているような気がするのだ。

最後の主人公、志水由布子は、倉田知世子を好いている。「好き」になったきっかけは、知世子が由布子の初恋の、従兄《いとこ》の「おにいちゃん」に似ていたからだ。由布子は久しぶりに再会した「おにいちゃん」に恋心を呼び戻されながら、同時に果てしなく冷めていく。

小さな頃から、由布子は大人びて見られた。演劇部でも部長を務めているし、同級生には敬語で話しかけられる。誰もが由布子をしっかりしたお嬢さんと呼び、いつしかその「視線」は「ませてる」という言葉に変わった。

胸の発育が早かった由布子は、子どもの頃、道端で知らない男に胸を触られる経験をしたことがある。由布子の祖母が孫娘に対して「ませてる」という言葉を使ったのは、この頃からだと想像できる。「ませてる」から、触られたのだと。由布子の初潮は早く、父親はことさらに驚いて見せた。クラスメイトの男子は、由布子がハンカチに包んでいた生理用品を無理やり衆目に晒し、それが何であるかを彼女に説明させようとした。そして「おにいちゃん」は由布子が小学校6年生の頃、「おませさんだね、ユーコちゃんは」と言ったのだ。

「ませてる」という言葉には、「まだ子供のはずなのに、女である」という意味が込められている。そしてそれが悪いことのような気配を読み取らせる。「ませている」と言って由布子を傷つけた人は、誰もそのことを覚えていない。祖母は撤回することなく亡くなった。生理用品を囃し立てたかつての男子はきっと「子供の時のことだ」と言い逃れするだろう。由布子の身体を触った男は決して名乗り出ないだろう。

そして、「おにいちゃん」は「おませさんだね」と言ったことさえ、きれいさっぱり忘れていた。

由布子の演じる小間使のドゥニャーシャは、クライマックスで都会にかぶれたヤーシャに捨てられる。ヤーシャは旅立ちの朝、パリへ戻ったらドゥニャーシャのことなど忘れ去ってしまうことを予測させる冷たい態度を取る。

由布子は男を許せない。

彼らがいくら「忘れた」と言っても、自分は忘れてやらないと決めている。だってそうすることでしか、「視線」に抵抗できる方法がないではないか。忘れられない傷が蓄積し、由布子は自分がみじめなもののように感じられる。

杉山紀子の売春の噂を囁く部員を窘《たしな》めたことで、由布子はヤーシャである紀子と仲良くなる。由布子の男嫌いを知った紀子は「知ってる？　桜の木の精って男なんだって」とからかう。ぎょっとして、手を添えていた桜の木から慌てて離れる由布子を紀子が朗らかに笑う。学校が100本もの桜に取り囲まれていること、すなわち100人の男の「視線」に取り囲まれていることを由布子は深刻に知っている。夢うつつの少女を夢見て、盛りのある少女を悼《いた》んで、一人ずつの顔を見ないままこの場所を「櫻の園」と呼ぶグロテスクさを知っている。

倉田知世子を好きな理由を、由布子は「女って感じがしなくて」「（いかにも「女っぽい」要素であるところの）生臭いとこがない」と説明する。そして何より、由布子の好きだった「おにいちゃん」に顔が似ていた。ただし、こちらの「おにいちゃん」は自分の加害をしれっと忘れたりはしないだろう。女である「おにいちゃん」は、見る側ではなく見られる側で生きているから。

初恋を葬った由布子は、男の代替品としてはもう用のないはずの倉田知世子の机に『万葉集』から引用した歌を落書きする。

――風に散る　花橘を袖に受けて　君が御跡と思ひつるかも

創立記念日が迫ったある日、いつも優等生だった由布子は突然パーマをかけて登校し、生徒指導室に呼ばれるのだった。

◇◇◇

ほどなくして倉田知世子は、件《くだん》のアイドルスターみたいな男の子に失恋することになる。彼の恋人は、小柄で色白な、「女の子らしい」女の子だった。

知世子は、由布子の落書きに顔を載せて泣く。誰がこの『万葉集』の歌を書いたのか、知世子には分からない。ずっと「男の代わりに」女子校でもてて きた知世子は、「好き」と騒がれることが信じられない。その「好き」が何を根拠にしているのか分からない。だけどこの歌を自分の机に書き付けた誰かの恋は、本当の「好き」である気がする。

ラネフスカヤ夫人の衣装の、胸元がきつい。既存の世界の中で、既存の女として生きるしかなく、失った少女時代を回顧するラネフスカヤ夫人の服が、知世子には窮屈すぎる。窮屈さの原因が自分の身体の形であるせいで、余計にどうすればいいのか分からない。先生はもう直す時間がないから、そのままで舞台に立てと言う。本番直前の慌ただしさの前に知世子の戸惑いは後回しにされる。

パーマをかけて「少女像を外れない程度の、しかし少女の愛らしさを損なわせる程度の、大人っぽさ」から脱却し、演劇部を退部することで「見られるために演じる」ことを脱却しようとしている志水由布子が、戸惑う知世子を屋上に誘う。

屋上で、由布子は知世子に大きなリボンをくれた。ラネフスカヤ夫人の衣装に縫い付けるためのリボンだ。

由布子も、知世子と同じくらい胸が大きい。それが嫌で布を巻き付けたこともある。だけど由布子は自分がしたように、知世子に布を巻いて胸を小さくしろとは言わない。だって、見られたくないからと言って、見られる者が変わらなければならない道理があるか？ 変わらないでいるなら、いつかは見られなければならないのだろうか？

かつて一方的に性的に眼差されたことを思い出し、これから一方的に性的に眼差されるであろうことを想像し、拒絶や戸惑いを示す時、その拒否反応さえも「成長の証」「甘酸っぱい思い出」「世界の真理とかけはなれた意固地さ」などと微笑ましく慈しまれる。お前もそんな思いをしろと、心から好ましいこの女の子に、私は言いたくない。

リボンは知世子の胸をそのままに、目立たなくしてくれる。胸の形を変えずに、「視線」を遮り、無効化してくれる。

「あたしがもっと小さくて女の子らしかったら　誰か好きになってくれるかな」と泣く知世子に、由布子は「男の子じゃなきゃだめ？　あたし倉田さん好きよ　あたしじゃだめかなあ」と言う。

この「好き」が恋愛の「好き」なのか、友愛の「好き」なのかを、「視線」を持っている者はいつも気にしてしまう。結局、由布子は「おにいちゃん」に向き合って現実のものにするのが怖いから、自分を傷つけることのない知世子を身代わりにしていたのだ！　この「好き」は異性愛の下位互換なのだ！　だって彼女たちはまだ真理を知らない、「未満」の存在だから！　そんな風に処理してしまう。

だけど「視線」には、ほんとうのことなど何も分からない。『櫻の園』という漫画では、いつも一番真に迫る時、感情が揺れ動く時、顔が白く抜かれて、目や鼻や口が描かれない。描かれないから、見ることができない。眼差すことができない。ただの学校を取り囲み、自分は眼差しを悟られない安全なところから「視線」を寄越す者には、彼女たちの心情は教えてもらえない。これを書いている私だって、本当は、こんな風に彼女たちの心の機微について勝手に想像することもできない。彼女たちの頭に花冠が載っていると言っていいのは、世界中で彼女たちだけなのだ。

顔は見えないが、「好き」だと言う由布子に知世子は喜び、もっと言ってとせがむ。

好きよ。

今この瞬間だけは女子として生きなくていいはずの場所で、それでも周りを取り囲む「視線」がそこかしこにひたひたと染みている場所で、いつか「視線」に慣れることが成長とされる世界で、

ただもう、

なんでもいい、

どうでもいい、

とにかく「好きよ」。

女でいなくていい唯一の場所で、「別に女であってもいい」と言ってくれた「好きよ」。

心地よい「好き」のコールの中で知世子が考えるのは、好きだった男の子のことである。

由布子が彼女の胸をそのままで肯定してくれたこと、旧式の世界の理を無効化してくれたことは、未だ失恋の痛手の中にいる知世子にはすぐに強く響いていないかもしれない。創立記念日に上演のベルが鳴る。幕が上がり、幕が下りる。卒業生は今年も桜を寄贈していった。チェーホフの『櫻の園』のラストシーンで、ラネフスカヤ夫人はパリの男のもとへ戻っ

ていく。ドゥニャーシャはロシアの町に留まり、ラネフスカヤ夫人とは離れることになる。それでもリボンを胸に垂らした知世子は、自分の姿を前より嫌ではないと思っている。

——風に散っていく橘の花が私の袖に降り注ぐ。私はそれを、あなたの痕跡だと、こっそり想う。

花橘は仲夏の季語。夏至の頃である。桜が散り終えても、私はあなたを女だと囃し立てない。男だと騒がない。ろくに顔も見ないまま、期待と閑却《かんきゃく》で補完できていると思い込んでいる「視線」よりもずっと、あなたを想うことができる。

ただそれだけで存在する「好きよ」が、知世子の髪に、袖に、降り注ぐ。それがもしも花びらの形をしているなら、きっと柑橘の香りがするだろう。

好きよ、好きよ、好きよ、好きよ、好きよ、好きよ、好きよ、好きよ。

ルイーズとテルマ

テルマ＆ルイーズ

一緒に死のうね、つまり、一緒に生きようね、絶対

どれだけ仲良しの友達でも、結婚してしまえばもう一緒に生きることはできない。……本当に？

自分よりも強く結びつけられている相手が、あの子にはいる。……本当に？

このルールは世界の真理だから、私たちは時々愚痴を言って、ちょっと脇道へ逸れても、結局はまた受け入れて戻らなければならない。……本当に？

ほんとに？

ルイーズとテルマの二人は、ある週末までずっとそれが「ほんと」だと思っていた。一

方はげんなりと、もう一方はぼんやりと。

舞台は30年と少し前のアメリカ、アーカンソー州のごく普通の町。テルマはこの町をほとんど出たことがない。14歳で初めて交際し、18歳で結婚した夫・ダリルがテルマを町から、というより家から出そうとしないからだ。テルマはダリル以外の男と付き合ったことも、セックスしたこともない。ダリルはテルマを怒鳴り、嘲笑し、彼女の話は何でも取るに足らないものだと決めつける。バカで、つまらなくて、パッとしない、鈍くさい、自分がいないと何もできない、自分が愛してやって初めてようやくほんの少し何とかなる女だと思っている。本当は自分の方こそ、バカで、つまらなくて、パッとしない、鈍くさい、テルマがいないと何もできない、テルマが世話をしてやって初めてようやくほんの少し何とかなる男であることには気づいていない。

テルマは夫の態度に辟易《へきえき》しながらも、心のどこかで「仕方ない」と思ってやり過ごしている。

遊び歩いている夫は一切お咎めなしなのに、自分は未来永劫、掃除や食事の用意をしなければならないなんておかしい。友達とのささやかな一泊旅行の「許可」さえ貰えないなんておかしい。薄々気づいているのに、面と向かって指摘することはできない。何しろダリルときたら「仕事に遅れるから早くコーヒーを飲んで」と言っただけで激昂するのだ。

テルマの親友のルイーズは、心配したり怒ったり非難しながら、やっぱり心のどこかで「仕方ない」と思っている。

ダリルは間違いなくクソ野郎だけど、妻の外出を「許可」しない夫なんて完全に終わってるけど、それはテルマの男運が悪いからだ。多少ダリルの鼻を明かすことができたとしても、結婚生活には本質的に割って入ることはできない。自らが玄関ポーチに愛車のサンダーバードで突っ込んで、家を破壊し尽くし、テルマを救い出すことはできない。そもそもテルマがダリルの支配から抜け出して生きていけるはずがない。何しろテルマときたら、いつもどうするべきか分からなくて、誰かに答えを出してもらおうとする。彼女は世間知らずで、ピュアなのだ。

だから、せめて今度の週末くらいは、息抜きに連れ出してやろう。知人の別荘でキャンプでもすれば、気も晴れるだろう。自分にできることはそれくらいだ。私たちは、お互いの最も保証された救世主になってあげることも、お互いを取り巻く世界を変えることもできないのだから。

月曜には帰るつもりだった。軽やかな旅立ちだった。

結局夫に旅行の話を切り出せず、悩んでいるうちにだんだん腹が立ってきたテルマは、「許可」を取らずに黙って出てきたらしい。彼女はキャンプに必要なものを曖昧に想像していたらしく、やたらと大荷物だ。非常用のランプに、クローゼットの下着全部。釣り道具。ドレス。セーター。それから、強盗に襲われた時に使うかもしれない、銃。ルイーズは呆れ返る。

しかし銃は案外すぐに使われた。テルマの要望で寄り道した酒場にて、ハーランという男が二人に言い寄り、テルマをダンスに誘う。ルイーズから見るといかにも軽薄で、下心のかたまりで、気を許してはいけない男のお手本のようなハーランは、しかしテルマの目にはチャーミングに映った。気を許して酔っぱらったテルマを駐車場に連れ出し、ハーランは強引にセックスを迫る。抵抗されれば顔を殴りつけ、力任せに脅し、服を乱暴に押し上げ、「何も変なことはしない」と怒鳴りつける。

助けに入ったルイーズの手に、テルマの持ち出した銃が握られていた。銃を突きつけられとがめられても、ハーランは悪びれる様子なく女たちを侮辱する。大人しくしゃぶってりゃいいものを、騒ぎやがって。

次の瞬間、ルイーズの放った弾丸はハーランの胸を貫いていた。

一体どうしてこんなことになっちゃったんだろう。

猛スピードで事件現場から逃走しながら、二人は「誰のせいでこうなったか?」と口論する。あたしのせいだって言うの? ええ? じゃあ、あたしのせいってこと?

「誰のせいか」という問いかけは、ストーリーが進んでも折にふれ蒸し返される。場面によってあんたのせいだという怒りか、自分のせいだという反省かの違いはあれど、二人は「どうしてこうなったんだっけ?」とコントロールできない展開を不思議そうに思い詰めて眺めている。不思議なのは当然だ。だって二人のうち、どちらのせいでもないのだから。

警察はすぐに現場へ駆けつけたが、二人はまだ犯人と決まったわけではなかった。もしも落ち着いて適切に対処すれば、根性でごまかし通せば、「元の生活」に戻れたかもしれない。

とりわけテルマには容易だっただろう。引き金を引いたのはルイーズだ。酔って錯乱した友達が男を殺《や》っちゃって、一緒に来ないとお前も殺すと言われました。友達はどこかへ逃げました。私は知りません。そう言えばテルマだけは家に帰り着けただろう。怒り狂った夫に出迎えられながら。

二人揃って戻りたかったら、きっとハーランに侮辱された時に引き下がるべきだったのだろう。「乱暴を途中でやめて『くれた』のだから、感謝します」と車に戻っていたら、夜遅くには予定通り別荘へ辿り着けたはずだ。殴られた顔を腫らして、鼻血を出しながら、最悪の気分で安全な小旅行の続きを楽しめただろう。

そもそもルイーズはテルマを気にかけなければ、そこそこ平穏に暮らせた可能性がある。ウェイトレスの職もある。すれ違いながらも有事の際には力になってくれる恋人ジミーだっている。テルマは「男運が悪く」はない。ジミーは焦って電話をかけてきた逃走中のルイーズのために、全財産を立て替えることを引き受けてくれるし、心配して飛行機で追いかけてくれさえする。ルイーズに男ができたと勘違いして家具を壊すとか、音楽の仕事がうまくいかない愚痴をこぼしがちだとか、そういう細かい、ちょっとした、「よくある欠点」に目を瞑《つぶ》ればジミーはいいやつだ。二人の間には愛も歴史も愛着もある。

かつてテキサスでハーランのような男にレイプされた過去を、当時駆け込んだ警察では誰も取り合ってくれなかった失望をなるべく忘れて、この世界の不均衡に気づきながら諦めて受け入れ、親友が抑圧された平穏な時間で人生を削り取られるのをスルーしていれば、「元の生活」から飛び出してしまわずに済んだろう。

しかし彼女たちはもう戻らなかった。

戻らない彼女たちを「堕ちていく」と形容するのは簡単だ。

ルイーズがジミーから調達したなけなしの逃走資金は、テルマがうっかり部屋に招き入れた行きずりの青年J．D．にまんまと盗まれてしまう。自分のせいで全財産を失って落ち込むルイーズを元気づけようと、テルマはJ．D．に教わった方法で見事に強盗をやってのける。殺人に強盗と逃走が重なって、ルイーズとテルマの罪はどんどん加算されていく。

事件を追いかける中年刑事、ハルだけは二人の身に起きたことを案じる視座がある。ハルだけは二人がこんなことになったきっかけに想像が及んでいる。そして「力になりたいんだ」と呼びかける。

だけど力になるって、一体どんな行動を指すのだろう。善良なハルはきっと、最小限に罪を食い止めて、罪を償う方法を見つけて、社会復帰するストーリーを描くだろう。救済の手は「堕ちていく」彼女たちをどこへ引っ張り上げてくれるのだろう。元いた世界だろうか。二人は一体、どんな素晴らしい世界から転げ堕ちたというのだろう？

「堕ちていく」きっかけとなった人たちは、みんな無自覚だ。——こんなにひどい結末になるなんて思わなかった。だって、ちょっと怒鳴っただけだ。ちょっと尻を触っただけ。喜ぶと思って声をかけただけ。ただしゃぶってくれればよかったのに。置いてあったものを失敬しただけじゃん。確かに、ほんのちょっとしたことだった。彼らにとっては。


テルマが「あたしがこの手でハーランを殺してやりたかった」と言っている瞬間、ハルとともにテルマの家で張り込みを続ける若い刑事の一人は、画面のはしで時間つぶしにポルノ雑誌を読んでいる。テルマを騙してなけなしの6700ドルを盗んだJ.D.は、「子供を作らないなんて、女に生まれたのに神様に申し訳ないと思わない？」とテルマに無邪気に笑いかける。

逃走する二人の車の横を、偶然通りかかった一機の小型飛行機が並走し、やがて飛び立つ。はしゃいで手を振る二人。束の間、同じ道を走っているように思えたのだ。だけど全然違っていた。そういえばジミーが乗ってきたのも飛行機だった。飛行機は離陸する。飛行機は遠くの地平線まで見渡せる。ハルはテルマとルイーズと、古い友達のように話せる。彼女たちと彼は、同じ場所に立つ対等な人間のように感じられる。

だけど、全然違っていた。

それが「一体どうしてこんなことになっちゃったんだろう」の答えなのだ。

ぼんやりしているテルマよりも、本当はルイーズの方がずっと強く諦めていたのかもしれない。強盗を成功させて以来、テルマはルイーズよりも吹っ切れた顔になる。吹っ切れたというのは、この世界に見切りをつけたと言い換えられるだろうか。それともどう生きるかを見つけたと言えるだろうか。

いよいよ逃げきれないと実感して焦るルイーズに「もう一線を越えちゃった。戻っても前のような暮らしは、あたしにはできない」と発破をかけるのはテルマの方だ。

「一線」とは、犯罪を犯したかどうかの線引きではない。越えたのは、人を殺したからではない。強盗を働いたからではない。逮捕されるからではない。

彼女がもう戻れないのは、気づいてしまったからだ。気づいてしまったことに、気づいてしまったから。それが「一線」だ。

彼女がもう戻れない場所は、「善良な市民の生活」ではなく、「抑圧されていると気づかずに、たとえ気づいても（たぶん、自分はまだ幸せな方）と言い聞かせながら、騙し騙し暮らしていく平穏な世界」だ。その世界が変だと気づく前の世界だ。

目覚めた気分。最高の気分。警察に追跡されながら、テルマは叫ぶ。全てが新しい。未来が希望に溢れてるって感じ。それは悔し紛れでも、やけくそでも、自嘲でも、負け惜しみでもない。こんな世界で生きてられっか！　と気づいた瞬間の躍動だ。

目的地のメキシコを遠く望みながら、パトカーやヘリコプターに乗った警察官の大群に銃口を向けられ、いよいよ断崖絶壁に追い詰められた時、彼女たちの「こんな世界で生きてられっか！」は、現実になった。

テルマは震えるように、微笑むように、「このまま行って」と囁く。ルイーズは「本気なの？」と聞き返す。目覚めた気分のまま、最高の気分のまま、未来に希望を抱いたまま、二人はキスを交わし、ルイーズがアクセルを踏み込む。崖から勢いよく飛び出す青いサンダーバード。死に向かう二人を無駄だと分かりつつハルがスローモーションで追いかける。

車体が放物線を描いて宙に浮き、そのまま画面はストップモーションになり、音楽が流れる。軽快で優しい音楽だ。映画は終わる。

落下してゆく車と、崖下を悲し気に見つめるハルの顔が、公開されなかったエンディングとしてDVD特典に収録されている。画面に映っていようが、いまいが、彼女たちは死んだ。爽快感さえ感じさせるラストショット、ストップモーションの数秒後に彼女たちは死んだ。爆発して、骨があちこちに突き出て。腕が吹っ飛んで。血まみれになって。目玉が飛び出て。

それほどの痛みが、死が、素知らぬ顔で迎える月曜日よりもマシだと表明することに彼女たちは成功した。今まで誰もが抱いていた「何だかんだ言っても、死ぬくらいなら今まで通りの世界を選ぶだろう。選ばなければ生きられないんだからね～」という甘い予測を裏切ることに成功した。

というか、そこまでしなければ成功しなかった。そこまでしなければ誰も話を聞かなかった。誰も取り合わなかった。

もちろんバッド・エンドだからといって、彼女たちが不幸だったと決めることは誰にもできない。映画のタイトルは『テルマ&ルイーズ』(1991年公開/リドリー・スコット監督)。ルイーズとテルマの名前だ。彼女たちは自分たちの名前を死守するためにアクセルを踏んだ。「気づいてしまった」自分を手放さないために走った。「気づいてしまった」自分を、気づいていない世界の好きにさせないために、止まらないことを選んだ。それしか方法がなかったから。

しかし、別に止まってても「気づいてしまった」まま生きられるなら、彼女たちは途中でインターチェンジにでも立ち寄って、焼きトウモロコシやらアイスクリームやらを買い食いしたはずだ。釣り堀に立ち寄り、酒場に寄り道して、車の鍵を開けたまま眠ったはずだ。こんな世界で生きてられっか！　とは、「生きたくない」という意味ではない。「こんな世界ではない世界で生きたい」という意味だ。

こんな世界ではない世界とは、一体どんな場所だろう。

例えば、メキシコの都会にアパートを借りて、気ままに二人で暮らす世界。住み慣れたアーカンソーの一軒家にルイーズが迎えに来て、一泊か二泊の旅行に出かけて、お土産をたくさん買って、留守番していた夫のもとへ帰る世界。車を走らせて、気に入った若い男を気まぐれに乗せてやる世界でもいい。金を盗まれることもない。追い越し車線で見知らぬドライバーから下品な言葉を浴びせかけられることもない。

大切な親友を「あんたって男運が悪いね」とからかう時、手が出せない柵で囲われた彼女をただ眺めるしかない歯痒《はがゆ》さではなく、自分たちには全く影響のない些末なトラブルのように笑える世界。

タコスを食べて、コーラを飲んで、ゲラゲラ笑える世界。ただそれだけの世界。

そういう世界でなら一緒に死ぬのも悪くない。

切り立った崖の向こうに朝焼けが広がり、青いボンネットにしわしわの、あたしとあんたの顔だけが映って、「好き勝手やってやったな」と笑いあってせーので死ねるなんて、きっと最高じゃない？

菊子と妙

麒麟館グラフィティー

女の敵は女だか何だか知らないけど、私はあなたが好きでいられてうれしい

2020年春に新型コロナウイルス感染症（COVID-19）が広まり、緊急経済対策として日本の住民基本台帳に記載されている者一人につき10万円が給付されることとなった。条件を満たす全員が一人10万円ずつ手にするはずなのに、「その者の属する世帯の世帯主」が受給権者であると発表されたとたん、「それなら自分のところには回ってこない」という声がインターネットで上がり始めた。「世帯主である夫が、妻である自分に金を渡さないだろう」という声が。

当時の安倍首相が給付金の方針を記者会見で表明したのが4月17日。折しもその4日前の4月13日、NHKは「国際報道2020　新型コロナ　外出制限長期化でDV増加」と

いう特別番組を放送していた。

DV、ドメスティック・バイオレンスという言葉が世の中に浸透して久しい。バイオレンスの名の通りにパートナーに肉体的暴力を振るうこと、殴るふりをして萎縮させること、金銭を取り上げたり、知人との交流を制限したり、監視したり、脅したり、セックスを強要したりすること。その他、パートナーの自由を奪い負担を強いるあらゆること。

内閣府男女共同参画局は2018年度の「配偶者からの暴力に関するデータ」の中で、配偶者暴力相談支援センターには11万4481件、警察には7万7482件の相談が寄せられたと発表している。ただし、暴力のエスカレートや収入が断たれることを恐れたり、自分の身に起きていることがおかしいと思わない状況や外に助けを求められない状況に置かれるなどの理由で、相談さえできない人、逃げるチャンスにアクセスできない人がいることが予測されている。これらの統計や、支援体制や法律は、常に当事者の現実を後から追いかけて来ているものだ。


吉村明美先生による漫画作品『麒麟館《きりんかん》グラフィティー』（小学館）において、夫から

DVを受けていた専業主婦・菊子が一時的にでも家を飛び出すことができた偶然の力強いはずみに、だから私は感謝している。

『麒麟館グラフィティー』の連載が始まったのは1986年。1992年に「夫（恋人）からの暴力についての調査研究会」による「夫（恋人）からの暴力についての調査」が執り行われるよりも、1993年に国連総会にて「女性に対する暴力の撤廃に関する宣言」が採択されるよりも、1995年に第4回世界女性会議でDVが議題に挙がるよりも随分前だ。

宇佐美菊子は札幌に住む21歳の専業主婦である。夫の秀次《ひでつぐ》から激しい暴力と抑圧を受けている。菊子が何か発言すると、秀次は「口答えするな」「言い訳するな」「弁《わきま》えろ」「誰にものを言っているんだ」と怒鳴りつけ、殴りつける。

現代のSNSでは「モラ夫」、つまりモラル・ハラスメント（精神的DV）を行う夫についての書かれたpostには高確率で次のようなリプライがつく。「男を見る目がない」「そんな男を選んだあなた自身が悪い」「そんなのはごく一部の人の話」。しかしDV加害者がいつでも分かりやすく「自分は加害者です」と顔に書いてくれているわけはない。状況に応じてエスカレートしていくこと、遠いどこかの話ではないことは、最初に書いたNHK

の番組タイトルを見ただけでもすぐに分かる。

そもそも菊子には「夫を選ぶ」権利がなかった。複雑な生い立ちを抱えて家に居づらかった16歳の菊子は、隣に住む4歳年上の秀次に「高校を卒業したら嫁に来い」とだけ言われ、知らないうちに結婚の準備を進められていたのだ。

おろおろしているうちに結婚式は挙げられた。式が終われば秀次が仕事で1年間ノルウェーへ単身赴任することさえ、菊子には知らされていなかった。秀次が帰国する日、家で久しぶりの再会を喜ぶための料理を作って待っていた菊子を秀次は大声でどやしつけた。罪状は立派に赴任を終えて帰ってきた「夫」を空港へ出迎えに来なかったこと。おそらくこれが初めての怒声だったが、一体いつからの出来事をDVとしてカウントし始めればいいのだろう。

菊子は恐ろしくて震えていた。自分の幸せを願っている母親には打ち明けられない。秀次の機嫌を損ねれば酷い目に遭う。仕事ができて根回しの得意な秀次を疑う人は誰もいない。それでも菊子は秀次に話しかけ、殴られながらも夫を愛そう、明るく朗らかな家庭を築こうと「努力」を重ねた。

ある日、菊子の服作りの技術と才能に気づいた知人が、仕事を持ちかけた。自分にも何かができるのだと思うと菊子は嬉しかった。しかし家事に支障をきたさないようにやりますから、と笑う菊子を秀次は「許さない」。菊子が自己実現をして、収入を得て、自信を持つことを許さない。その事実にショックを受けた菊子は、3年間の結婚生活で初めて家を飛び出すことができた。

豪雪の中、熱を出して行き倒れていた菊子を拾ったのが、一つ年上の大学生・森川妙である。

亡くなった祖母に代わって麒麟館という古いアパートの管理人となった初日だった。何の因果か、妙が3年前から恋心を抱き続けていた大学のかつての先輩が、菊子の夫・秀次その人であった……というのがこの作品のプロローグとなる。

妙は長年憧れていた先輩が自分の妻を「従順に家事だけしていればいい」と家に閉じ込めてきた最低な男だと知って激昂する。食事に「美味しい」とコメントされただけで大喜びする菊子に同情を寄せ、麒麟館の自室に住まわせる。

菊子はヴァージニア・ウルフの言うところの「自分ひとりの部屋」を手に入れた。それは一人部屋ではなかったけれど。

菊子と妙の心情は、常に揺れ動いている。

妙は秀次の「本性」を知って一度は心底軽蔑するものの、3年間恋し続けた慕情が身に沁みついてしまっている。菊子を取り返そうと躍起になった秀次が接触してくるたび、秀次を嫌いになれない自分に戸惑う。彼との距離が縮まるたびにイライラし、却ってまた好きになり、好きだから秀次の菊子への愛を信じて嫉妬にかられる。と、同時に「秀次を好きかどうか考える時間さえ与えられなかった」状況に置かれている菊子のつらさを痛感する。

そうこうしているうちに、秀次が卑劣な手段で菊子を追い詰めようと手を打ってくるので、またしても改めて失望する。秀次は菊子に圧力をかけるため、彼自身が社長を務める会社に妙を就職させる。苛立ちは募る。それでもふとした拍子に好意がぶり返す。秀次の人格を知らずに初恋を抱く前には、もう戻れない。どうしても好きな人だから、秀次には自力で罪に気づいてほしいという、慈悲と慈愛と離れられなさが綯《な》い交ぜになる。

菊子は家出した当初には、自分が秀次に恋をしていないこと、そのために秀次が自分を(求められているのが従順さだとしても)必要としているのにその気持ちに応えられないことを後ろめたく思う。秀次を好いている妙の前で、その秀次に求められながら愛せないと葛藤することそのものにも葛藤する。麒麟館に下宿している学生・火野に想いを寄せられ、喜ぶ自分を卑劣だと思い込む。

そうこうしているうちに、自分が長年秀次を愛そうと努力してこんがらがっているうちに、既に愛しかけていたことに気づく。ただひたすら離れられなくなっていることに気づく。気づけば余計に、自分を無下《むげ》にする夫に傷つく。仕事に失敗して憔悴する秀次を、こんな姿は見ていられないと同情し涙を流す。どうしても一緒にいてしまった人だから、秀次には自力で罪に気づいてほしいという、慈悲と慈愛と離れられなさが綯《な》い交ぜになる。

常に相反する心情に翻弄される菊子と妙は、一緒にいることで負荷が大きくなる。

『テルマ&ルイーズ』では、「あんな男よりも私の方があなたを分かっているのに」と思う女が描かれる。だけど『麒麟館グラフィティー』では、二人の女は男の加害によって初めて出会う。男よりも短い付き合いからスタートする。

あなたのことを知らなかった。知るより先に妬んでいた。妬むより先にキレてしまった。分かるより先に同情した。同情よりも嫉妬した。嫉妬よりも心配した。心配よりも自分のことで身を焦がした。


これを書いている私自身は秀次に何の慕情もないので、ただ加害者としての秀次が許せないというだけで済む。菊子と妙のどちらかが、あるいは両方が自分の友達だったとしたら、できれば加害の記録をまとめて通報し、なるべく早く秀次から離れられるようサポートしたいし、菊子が失った時間への償いとこれからの人生への支援のために、正式な手続きのもと金銭も支払われるべきだと思う。

しかし妙は菊子に「もうあんなやつに向き合ってほしいなんて思わずに、さっさと忘れて、なかったことにして、自分の人生を歩むべき」とも、「家と生活が不安なら麒麟館にずっといればいいし、秀次が来たら守ってあげるから心配しないで！」とも言わない。菊子は妙に「あんなやつのこと好きなの？　あいつ、クズだよ」とも「私の受けた仕打ちはもう全然気にしないで！　離婚するから妙さんは秀次さんとお幸せに」とも言わない。そんなことできないし、そんなことを言ったってお互いは救われない。

それでも一緒にいるのは、菊子と妙がただお互いを好きだからだ。お互いが願っていることが、分かってしまうからだ。

物語中盤で、秀次の従妹《いとこ》・容子の登場によって、一度だけ平穏な離婚のチャンスがもたらされる。容子は秀次の「他人に対する敬意をもつことができない」という特徴をむしろ好み、今のままの秀次と一緒になりたいと考えている。

容子から菊子に、「離婚届を偽造する」という詐欺まがいの方法が提案される。偽造した離婚届が本当に有効なのかはさておき、とにかく菊子が記入さえすれば離婚が成立する、というところまで決着は近づく。

しかし菊子は離婚届の記入を拒む。

離婚は秀次と本当に他人になる決定的な出来事だ。だからこそ秀次自身の頭で考え、秀次自身の意思で向き合って、秀次自身に選択させることができなければ、意味がないのだ。そうでなければ菊子が生きてきた3年間が無駄になる。そして妙が「先輩」として秀次を慕ってきた3年間も無駄になる。

菊子と妙は、お互いの存在に心を痛めながら、秀次という一人の男が成長し、「改心」

するのを待っている。男が「改心」するのを待ちながら、お互いの魂の形を知り、同じ部屋に佇むのが菊子と妙の関係なのだ。

秀次は終盤までずっと「改心」しない。菊子のことは「一生ただで使える便利な女」と思っているし、刃向かってくる女たちを痛めつけたいがために、妙の恋心を利用する。この「改心」とは作中で使われている言葉で、現実世界のDVでは「更生」と呼ばれる変化を指す。

秀次の尊大さには根拠がない。菊子と妙を見下す「正当な」理屈（人を見下す正当な理屈とは？）がない。

もちろん時代のせいもある。秀次に限らず、麒麟館の火野以外の男性下宿人たちは、家賃を踏み倒すために性犯罪といって差し支えないことを計画するし、その罪の認識も時代なりに軽い。

それでも、秀次はこの物語の中で最も「ゆるい」。菊子が自分にただ怯えて支配を逃れたがっているのだと思い、妙が自分にただまんざらでもなく、恋のかけひきの一貫として闘いたがっていると思っている。知らないうちに妙に惹かれていく自分の恋心を自覚せず、ナメと加害をエモーショナルな恋にのみ集約させていく。

家出から5年が、結婚から8年が経った年の冬、秀次は「菊子との離婚に応じる」という条件で妙にセックスを迫る。菊子と妙の関係を引き裂き、二人の結束を破壊し、吠え面をかかせたいという加虐欲と、単純に妙に惹かれているという恋心とがもう自分で分からないほどに溶解し一体化していたのだ。

妙は殆ど罠だと気づきながら、やっぱり好きでいたい、好きでいられる人間であってほしいという望みを賭けて好きな男とセックスする。

ただのセックスだ。

秀次はそれを「犠牲と裏切りとウソにまみれた女の友情」と解釈する。妙が自分と繋がれば、妙が菊子を裏切ったことになると考えている。妙自身までそれを信じ、自分と菊子を「犠牲と裏切りとウソにまみれた女の友情」だと思ってしまう。妙は、菊子を救うためという建前ではなく、単に秀次とセックスしたかったから騙されたように見せかけてセックスしたのだと自分を責める。

しかし、

そもそも――

妙が、秀次が菊子にしたことを知りながら秀次に惹かれ続けることは、菊子を軽んじる行為なのだろうか。

そもそも――

普通にセックスしたい相手とただセックスするなんて、本来、悪行でも何でもないはずだ。

「なぜ」それが後ろめたいことになっているのだろう。「なぜ」妙が菊子を守り、菊子のために秀次に立ち向かい、秀次と「セックスするわけにはいかない」状況になっているのだろう。

男と、男の妻と、男を好きな女。

この構図から大抵の場合導き出されるのは、やっぱり「女の敵は女」という面白おかしい構造だ。夫婦間の出来事は、なぜか夫婦だけで解決するべきことだということになっている。夫婦の問題は透明化される。壁で囲って隠される。その割に、女と女の「いざこざ」は「いざこざ」としてことさらに可視化されるのだ。

「犠牲と裏切りとウソにまみれた女の友情」は「女の敵は女」と張るくらい、字面を見るだけでも面白おかしい出来事のようだが、実際にはその「犠牲と裏切りとウソにまみれた女の友情」とやらがどのようにして「あたかも存在しているかのように構造を作られる」のかはこれまで顧みられてこなかった。

「犠牲と裏切りとウソにまみれた女と女の友情」が犠牲と裏切りとウソにまみれていると定義するのも、そもそもその構造を作ったのも、男性であるところの秀次なのである。

妙はそのたった一回のセックスによって妊娠し、流産に至る。彼女の流産を秀次に報せ、自分の罪と彼女に向かい合うよう告げた夜、菊子は生まれて初めて他人を殴った。

秀次は多少ショックを受けこそすれ、それでもずっとふわふわしている。菊子の中にある自分の比重が日々軽くなり、さらに意図的に蓋をして存在を忘れようとされていると気づいた時、または流産した妙に「もう追い回さないで」と言われ手放された時、不安と不快感を言語化できずに狼狽する。様々な周囲の手助けによって漸《ようや》く菊子の人生を踏みにじっていたことに気づき、離婚届に判を押すが、そのまま仕事でスウェーデンへ旅立ってゆく。もう帰ってこないつもりで。つまり、菊子との関係だけを清算し、妙から逃げるつもりで。

秀次は、反省と、謝罪と、罪悪感と、愛しさと、庇護と、恋のエモみと、赦し合う男女の浮かれた照れくささと、意固地さを分離できない。どれがどれだか分からない。何かが悪かったことは分かるが、一つずつを分類し、分離させ、更生するために何をすればいいのか分からない。

菊子がお膳立てしてくれたパスポートで、妙は秀次を追ってスウェーデンへ発《た》つ。分離できていないものを厳密に鼻先へ突きつけ、何事もなかったみたいになんて忘れさせないつもりで。

CHAPTER 3

くびきから逃れるふたり

妙のウェディングドレスは菊子が縫うのだと、いつかの夜に二人は約束していた。妙の出立から2年が経ち、麒麟館にスウェーデンから届いた手紙には、そろそろ白いドレスが入り用です、と書かれている。要するに、妙は秀次に突きつけることができたのだろう。

漫画のページの中で、妙と秀次の結婚式は描かれない。吉村明美先生は『麒麟館グラフィティー番外編』の後書きで、描きたくない旨を綴っておられる。

妙と秀次が結ばれるとしたら、秀次が自分で溶解させ、癒着させて、自分で混乱させていた、罪とナメとエモと恋を整理して分離させた時だけである。

それが漫画の中で描かれていない以上、秀次は自分で手を付けるしかない。自分で着手するしかない。

秀次が罪と向き合った時漸《ようや》く、男の罪によって「友情を結べないことにされていた女と女」はカタルシスを得る。男（秀次）の罪によって「結ばれないことになっていた男（秀次）と女（妙）」によって「友情を結べないことにされていた女（菊子）と女（妙）」が。

妙の出立から2年が、すなわちあの家出から10年が経っていた。菊子と秀次の結婚生活は3年間。そのうち秀次不在の1年を差し引けば、約2年間。菊子と妙が一緒に暮らしたのが5年。思えば、菊子と妙が過ごした時間が一番長い。

だから妙の不在を2年待つくらい、わけはない。つらいけれど、さみしいけれど、わけはない。菊子は札幌で待っている。何年でも待っている。どんなことがあっても、いくら離れても、待っている。


なぜなら、私はあなたが好きだから。

女の友情だか、何だか知らないけれど、とにかくあなたが好きだから。

結べないとか、何とか言われる前から、もうとうに友情を結んでいたから。

今私がここにいるのは、あの日のあなたのおかげだから。


ただ「あなたのことが好きで、うれしい」。あなたのことが好きでいられることがうれしい。

うれしいと感じている自分を、あなたが雪の中で見つけてくれたことが、私はただうれしいのだ。

織瑠と樹枝

少女革命ウテナ

お姫様とお姫様はドレスを脱いでいつか幸せに暮らす

大学生の頃、ひときわ目立つMという友人がいた。Mは絵が上手く、思想もソフィスティケートされていたため男女問わずよくモテた。大抵の場合、大勢にモテると思わぬトラブルが起きる。行く先々で「Mは良いよね、私と違って」「私もMのようになりたかった」と思いもよらない愛憎の矛先を向けられ、傲慢にもなれず謙遜も意味をなさないシチュエーションに苦い顔をしているところをしばしば見かけた。面倒臭そうに項垂《うなだ》れるMを見ながら、私は「これから先どんなに羨ましいことがあったとしても、私だけは彼女を妬まない唯一の友人でいよう」と勝手に誓った。

CHAPTER 3

くびきから逃れるふたり

1997年に放送されたテレビアニメ作品『少女革命ウテナ』には、因縁の相手を妬みながら追いかけ、憎みながら愛し、目を背けながら見つめる女の子が登場する。名前は高槻枝織《たかつきしおり》。私立鳳《おおとり》学園に通う高校1年生。暗い紫色のボブ・ヘアで小柄な、どちらかというと地味なキャラクターデザインだ。

枝織の視線の先にいる少女は有栖川樹璃《ありすがわじゅり》という。こちらは名前の通り派手な見た目と経歴を持っている。オレンジ色の巻き髪に、ハイエンドなファッションブランドのモデルを務める容貌。生徒会役員であり、フェンシング部部長代行。生徒会だけが着用する特別な制服の仕立ても手伝って、その姿は王子様のようだ。二人は同い年で幼馴染だというのに、枝織は樹璃の名前に「さん」をつけ、敬語交じりに話す。

『少女革命ウテナ』の物語は、鳳学園という閉じた空間で展開される。樹璃の所属する生徒会は不思議なゲームを秘密裏に行っている。校舎裏の森に隠された広場での決闘に勝つと、「薔薇の花嫁」と呼ばれる少女・姫宮《ひめみや》アンシーを所有することができるというのだ。アンシーは決闘の勝者とエンゲージという関係を結び、「世界を革命する力」をもたらす。生徒会メンバーは各々の事情から力を求め、アンシーを所有したがっている。

しかし樹璃は例外だ。彼女はメンバーの誰よりも醒めていて、決闘を胡散臭いものだと感じている。「奇跡を信じて　思いは届くと」とは枝織の幼い頃からの口癖だが、樹璃にとって「世界を革命する力」、まして「奇跡」などというものはまるでまやかしのようだった。だって、樹璃は枝織に恋をしていた。枝織がこの気持ちに気づき、受け入れ振り向いてくれることは、樹璃にとって奇跡に等しい夢物語だったのである。

枝織はいつも苦々しい気持ちで暮らしている。樹璃が完璧だからだ。樹璃のそばにいると、自分がつまらないもののように思えてくる。自分が主人公でないことを突きつけられる。自分には何もないと打ちのめされる。

「ほとんど一緒に育った」という二人の幼少期は描写されないが、もしかすると、この世に女の子／男の子というカテゴリーが存在すると気づくずっと前には、枝織は樹璃を自分と同じ存在だと思うことができたかもしれない。成長とともに女の子としての評価に晒された枝織は考えたかもしれない。ああ、私は樹璃のようになれないのだ。樹璃の方が私より優れた「お姫様」なのだ。この人と一緒にいたら、私は「お姫様」として選ばれない。

学園内で裏番長のように恐れられ、教師さえビビらせる樹璃はその実、誰よりも謹厳だ。いつでも枝織のことを慈しんでくれるし、救ってくれる。悪いことに、彼女の行動が同情や軽蔑によるものであるはずがないと枝織には完全に理解できてしまっている。樹璃さんは本当に素敵なのだ。でも、なぜ？　同情でも軽蔑でもなければ、なぜこの素敵な女の子は、自分なんかに優しくしてくれるのだろう。

樹璃の親愛を無条件に喜べるほど、枝織には実績の実感がない。自分に樹璃という素晴らしい人物から大切にされる価値があるだなんて、枝織の価値観に照らし合わせると到底信じられなかった。

ここでいう「枝織の価値観」とは、『少女革命ウテナ』の世界に蔓延する幸福のシステムとほぼ一致する。

――女の子は王子様と結ばれてお姫様になるしかない。お姫様になれなかった女の子は魔女になるしかない。女の子は王子様がいなければお姫様になれないし、男の子はお姫様がいなければ王子様になることはできない。

枝織はそれら全てを内面化している。枝織の見ている世界では、お姫様がお姫様と救い合うことはない。なぜなら、自分以外のお姫様は全員、王子様を取り合う競合関係にあるから。王子様にありつけなければ魔女になってしまうから。お姫様が王子様と結ばれずに成長する可能性も、お姫様がお姫様という役割から脱却する可能性もありえない世界では、優れた王子様と結ばれることでしか幸福になる手立てはない。大勢のお姫様候補の中から選ばれるためには、他のどの女の子よりも可憐で、従順で、愛らしくなければならない。

樹璃よりも優位に立ちたい一心で、枝織は自分たち二人と仲良くしていた男子生徒を誘惑する。彼は密かに樹璃に想いを寄せていたにもかかわらず、簡単に陥落した。ほんの束の間、枝織は樹璃から男を奪うことができたのだと錯覚し陶酔する。そして彼を手に入れる前よりもずっと惨めな気持ちを味わうはめになる。

もしも、樹璃が男性だったら？　生まれつき、枝織の認めるところの「王子様」の条件を持ち合わせていれば。おそらく彼女は「なぜ樹璃が自分に優しくするのか」を気にしなかっただろう。樹璃に劣等感を抱かなかっただろう。皆の人気者で、格好よくて、素敵な「樹璃くん」が自分だけを特別扱いしてくれることに何の迷いもなく満足しただろう。「彼」と張り合おうとは夢にも思わずに、（枝織にとって）理想的なカップルになっただろう。「王子様はお姫様を愛するもの」だ。しかし女の子である樹璃は、枝織にとってどこまでも自分より高ランクのお姫様、王子様を奪い合うはずの敵でしかなかった。

樹璃は胸に提げたペンダントに枝織の写真を入れて持ち歩いている。その写真を見て初めて、枝織は樹璃が自分を愛していることに気づく。「なぜ自分に優しくするのか」の答えは枝織をほんのひととき浮かれさせた。気持ちのベクトルの大きさを天秤にかけ、大きい方が負けというルールがあるとすれば、枝織の圧倒的勝利である。1962年公開のアメリカ映画『何がジェーンに起ったか?』のように、長年敗北し、見下され、自分の枷となってきたはずの人物が実は自分のことで頭を悩ませていたという事実は、満ち足りた結実感とぬるやかな脱力をもたらす。

しかし枝織は喜びに震えた次の瞬間、突然後ずさり叫ぶ。「やっぱりダメ」。感情の勝負に勝っても、枝織の理想とする世界は手に入らない。優れたお姫様が自分を尊重してくれたのは、自分にも優れたお姫様の素質があるからではなかった。やっと素敵な王子様が現れてくれたと思ったのに、正体は女の子が変装した「にせの」王子様だった。私には、結局「正しく」理想的な王子様は来ないんだ。そして最も重要かもしれないトピックは、憎みながらも「正しく」理想的なお姫様だと思っていた樹璃が「にせの」お姫様だったことである。少なくとも、枝織の世界の中では。

ちなみに枝織の感情を「いかにも女子的だ」「ドロドロしている」とコメントすることは、全くバリューのない行為である。妬むという字が女に石と書くのは、妬むという字に女と石というパーツをあてがいたいと思った「誰か」が存在したからだ。彼女たちを取り囲み、思惑通りの意味を与えようとする「誰か」というのは、ウテナのキャラクターにおいては「世界の果て」、現実世界においては「現実世界」そのものである。枝織はお姫様になる夢しか見てこなかった。誰もそれ以外の道を示してくれなかった。

「本物の」王子様は案外あっさり現れる。療養のための休学から戻ってきた男子学生、土《つち》谷《や》瑠《る》果《か》。樹璃が代理を引き受けていたフェンシング部の部長。復学するやいなや女子生徒の注目を浴びまくる瑠果に、枝織は嘘をついて接近する。どうあっても皆に評価される、羨ましがられる王子様が欲しいのだ。樹璃が「瑠果とは付き合わない方がいい」と忠告しに来た時、枝織の高揚は最高潮に達する。かつて男友達を奪った（と錯覚していた）時に味わった惨めさを返上することができた！　素晴らしい王子様によって！
しかし実は樹璃を恋の呪縛から自由にすることが目的だった瑠果は枝織を手ひどく振り、打ちのめす。心配して気遣いを見せる樹璃は、また自分より上位に鎮座するお姫様として枝織に劣等感を抱かせる。

樹璃は一見献身的だが、実はこの世界のルールに知らず知らずのうちに加担してしまっている。気高くインディペンデントな彼女の性質は、その実、彼女自身がルールから逃れられていることを意味しない。

『少女革命ウテナ』テレビアニメ版においての樹璃は、枝織が男友達と交際し一時的に学園を去った後、生徒会の制服であるパンツスタイルに着替えている。劇場版『少女革命ウテナ アドゥレセンス黙示録』では「枝織の王子様によって命を救われ、その代わりに王子様を死なせてしまったため、王子様の身代わりをさせられる」キャラクターとして描かれる。作品の20周年とキャラクターデザイン担当のさいとうちほ先生の作家活動35周年を記念して2018年に書き下ろされた新作エピソード『少女革命ウテナ After The Revolution』では、樹璃は枝織の「フェンシングが強い人って王子様みたい」という一言をきっかけに、枝織の目に留まりたい一心で、選手を目指している。

樹璃はどこまでも「王子様」だ。王子様として枝織を愛そうとしている。16歳の樹璃もまた「お姫様がお姫様と結ばれてもいい」「王子様しかお姫様を選べないなんておかしい」とは思えなかった。自分が自分に従って生きれば生きるほど、最愛の人に負荷をかけてしまうだろうと想像した樹璃は黙り、王子様の条件を満たしている男友達に、お姫様として想い人を譲る。セーラー服を脱ぎ、凛々しい装いに身を包む。あらゆる悪意から枝織を守ろうとする。

定義上は決してお姫様ではなく、同時に王子様でもない存在がここに誕生した。劇中、ヘルマン・ヘッセの『デミアン』にインスピレーションを受けた台詞が繰り返し囁かれる。「卵の殻を破らねば、雛鳥は生まれずに死んでいく。雛は我らだ、卵は世界だ。世界の殻を破らねば、我らは生まれずに死んでいく。世界の殻を破壊せよ、世界を革命するために」。王子様とお姫様しか結ばれない世界を、樹璃は革命しない。

樹璃が王子様であろうとすることは、王子様のままで枝織を愛そうとすることは、枝織をお姫様の役割に押しとどめる。この物語の主人公・天上《てんじょう》ウテナが王子様としてアンシーを救おうとすることが、かえってアンシーをお姫様の役割に押しとどめてしまったように。「女の子はお姫様を目指し続けなければならない」という世界観に縛り付けられた枝織は、

お姫様として樹璃と同等かそれ以上に評価されなければ、または理想の王子様が樹璃ではなく自分を選ばなければ満たされない。樹璃が王子様になり、枝織をお姫様として愛し続ける限り、枝織の夢は一生叶わない。理想の王子様と結ばれることもできず、本当は虚無である理想の王子様像から脱却することもできない。

当然、これは全く樹璃のせいではない。繰り返すが枝織のせいでもない。ついでに言えばお姫様になりたいことも、王子様を目指すことも一切悪いことではない。自由意思によって選び取ることができる限りは。あるいは、世界によって意図的に形成された「自由」意思であっても、自分の人生を愛せる限りは。

ウテナとの決闘で枝織の写真を納めたペンダントを破壊された樹璃は、ショックを受け試合を棄権する。瑠果は「樹璃が枝織から解放されること」と「枝織が樹璃から解放されること」は同義であることだけを突きつけて病院に戻り、帰らぬ人となる。二度と会うことのない瑠果に心の中で語りかける樹璃のあとを、枝織が黙ったままついていく。

結局、二人の関係は世界によって阻まれたまま変わらなかったのだろうか。

物語の終わりに、枝織がフェンシング部に入部し、他の部員に交ざって樹璃と手合わせをするシーンが描かれる。現実的に考えて、彼女がこれからフェンシング部でどれだけ努力しようと、樹璃を凌ぐ腕前になるとは考えにくい。だけどそれでもいいのだ。「私が勝った」と言えなくてもいい。樹璃と同じくらい優れたお姫様にならなくてもいい。樹璃に守られるお姫様にならなくてもいい。革命とは、「いつの間に決められたのか分からない、しかし確実に自分を取り巻いている世界のルール」の存在に気づき、取り巻かれている自分に気づき、さらにできれば、そこから脱出することだ。入部届に名前を書くというアクションを思うと、案外、枝織の方が一足早く革命に向かっているような気がする。


鳳学園が存在したのが実際に1997年の日本なのかどうか定かではないが、単純計算で経過した24年という歳月を足すと、2021年には二人の年齢は41歳になる。

戦前の女学校で構築された少女同士の情熱的な関係「エス」は、卒業して結婚させられるまでの束の間の時間に見る夢のようなものだった。女の子たちは学園にいる間しか一緒にいられなかった（そして戦前の女学校は「お姫様」になるための教育機関でもあった）。

最終話、鳳学園の女生徒たちはウテナとアンシーのいなくなった校舎で談笑する。「あんた、将来どうするの?」。将来の夢は玉の輿、と答えてからかわれる、顔の見えない女の子が反論する。「結局、いい男を捕まえるのが女の器ってやつじゃないの」。学園の中では、今でもそうなのだ。樹璃も枝織もその中にいた。かつてはいた。そして、卒業していったのだろうと私は勝手に想像している。エンディングに書き添えられた「いつか一緒に輝いて」の「いつか」は、24年という時間のどこかにきっと存在しているはずだ。

おわりに

この本のタイトルは「『女』ともだち」でいいのだろうか？　と、ずっと悩んでいた。たった今ここに二人の人間がいて、偶然その二人が女性と女性の組み合わせだった時、彼女たちの真摯さや深刻さが他の組み合わせよりも少なく見積もられたり、揶揄され消費される土壌が整いすぎていることに疑問を感じて、私はこの本を書き始めた。そのタイトルにわざわざ「女」を冠する行為は、元から「単なる個としての二人組」だった人たちに「女」の要素をことさらに見出し、ケーススタディに法則を探りすぎて、むしろ「単なる個としての二人組」から遠ざけていることになるのではないだろうか？　それって、不用意に「女流●●」というカテゴリーを持ち出してしまうみたいじゃないか？　いちいち「女」なんて前置きせずに、いっそ「ともだち」でいいのでは？

同時に、希望的観測によって意図的にザルの目を粗げ、「ともだち」と呼び表すだけで疑問を解決した気になることは、「女が二人」の関係がいまだ押し込められている型をみすみす不可視化することになるだろう、とも思い直す。いまだネイバーフッドを構築するために「シスター」フッドが必要で、ヒューマニズムを実現するために「フェミ」ニズムが必要な現状を鑑みると、この本はやはり「『女』ともだち」でなければならない。

物語は、良くも悪くも物語である。

物語には固有のキャラクターがいて、そのキャラクターの特性によって感情や行動が決まる。だから彼女たちの置かれている状況は、いつも彼女たちの個性に帰結するように見える。あの子が特別弱かったから、あるいは並外れて強かったから、物語はあんな風に終わったのだと、そのキャラクターならではの物語としてつい眺めてしまう。

しかし全てのフィクションは現実世界を生きている人間の手によって作られる。意図的であろうと、無意識的であろうと、フィクションは現実世界の構造を少なからず引き継ぎ、引き受けている。

だからこそ、作られた物語の中に「女」を冠した二人組が「いる」ことに、大いに傷つけられることもあれば、反対に救われることもある。彼女たちが「いる」ということに、気づくだけで嬉しくなることがある。

ああ、こんなふたりがいたのだ。

こんなふたりがいるくらいだから、自分と誰かの、世の中に用意されている言葉では到底言い表すことのできない関係も、きっとどこにでもありふれているのだ。
今ここに、私たちはいるのだ。誰にも書き残されていなくても。

二〇二一年三月

はらだ有彩

参考文献

「疑惑」 監督：野村芳太郎 原作：松本清張

アリスと花

「花とアリス」 監督：岩井俊二 アミューズソフトエンタテインメント

「花とアリス殺人事件」 監督：岩井俊二 ポニーキャニオン

ロッテとルイーゼ

『ふたりのロッテ』 エーリヒ・ケストナー 高橋健二訳 岩波書店

『ミラクル☆ガールズ』 秋元奈美 講談社

『宝石の国』 市川春子 講談社

「双生児 ある死刑囚が教誨師にうちあけた話」 江戸川乱歩

『江戸川乱歩全集第1巻 屋根裏の散歩者』（光文社文庫）収録

『BASARA』 田村由美 小学館

『シャーマンキング』 武井宏之 集英社

「創生児」 THE YELLOW MONKEY

『SICKS』（ファンハウス）収録

『ジェリー イン ザ メリィゴーラウンド』 安野モヨコ 宝島社

『とりかへばや物語』 桑原博史訳 講談社学術文庫

『だまっていれば花愛ちゃん』 長谷川潤 集英社

『十二夜』 ウィリアム・シェークスピア 小津次郎訳 岩波文庫

ミランダとアンドレア

「プラダを着た悪魔」 監督：デビッド・フランケル

20世紀フォックス・ホーム・エンターテイメント・ジャパン

みちるとはるか

『美少女戦士セーラームーン』

DVD-COLLECTION 東映アニメーション・東映ビデオ

『美少女戦士セーラームーンS』

DVD-COLLECTION 東映アニメーション・東映ビデオ

『美少女戦士セーラームーンSuperS』

DVD-COLLECTION 東映アニメーション・東映ビデオ

『はるかみちる再び！亡霊人形劇』 DVD

『美少女戦士セーラームーンSuperS』vol.1 収録

東映アニメーション・東映ビデオ

『美少女戦士セーラームーンセーラースターズ』

DVD-COLLECTION 東映アニメーション・東映ビデオ

『美少女戦士セーラームーン』 武内直子 講談社

コミックスなかよし全18巻、KCデラックス全12巻、KCピース全10巻

まりあとつぐみ

『TUGUMI』 吉本ばなな 中公文庫

『僕はかぐや姫／至高聖所』 松村栄子 ポプラ文庫

『さようなら女達』 大島弓子 白泉社文庫

ファデとルゥルゥ

『ファンション・ファデ』 名香智子 小学館文庫 全4巻

『愛の妖精』 ジョルジュ・サンド 宮崎嶺雄訳 岩波文庫

知世とさくら

ルイーズとテルマ・菊子と妙

書き下ろし

知世とさくら

『カードキャプターさくら』 CLAMP 講談社 全12巻

『カードキャプターさくら クリアカード編』 CLAMP 講談社 1～7巻

『カードキャプターさくらメモリアルブック』 CLAMP 講談社

『カードキャプターさくら Blu-ray BOX & DVD BOX』

監督：浅香守生 ワーナー・ブラザース ホームエンターテイメント

フレッドとロランス

「わたしはロランス」 監督：グザヴィエ・ドラン

DVD：KADOKAWA 角川書店 Blu-ray：TCエンタテインメント

前斎宮と中将

『我が身にたどる姫君』 大槻修・福子訳 笠間書院

中世王朝物語全集 上・下巻

『源氏物語 ビギナーズ・クラシックス 日本の古典』 角川ソフィア文庫

志水由布子と倉田知世子

『櫻の園 完全版』 吉田秋生 白泉社文庫、花とゆめCOMICSスペシャル

ルイーズとテルマ

「テルマ&ルイーズ」 監督：リドリー・スコット

ソニー・ピクチャーズ・エンタテインメント

『テルマ&ルイーズ アルティメット・コレクション』

菊子と妙

『麒麟館グラフィティー』 吉村明美著 小学館文庫 全8巻

枝織と樹璃

『少女革命ウテナDVD-BOX』 監督：幾原邦彦 キングレコード

『少女革命ウテナ アドゥレセンス黙示録【劇場版】』 DVD

製作：大月俊倫 監督・原案：幾原邦彦 原作：ビーパパス

『少女革命ウテナ After The Revolution』

さいとうちほ・ビーパパス 小学館

『何がジェーンに起こったか』 監督：ロバート・アルドリッチ

ワーナー・ホーム・ビデオ

初出一覧

このエッセイを読んでくださるかたへ・アリスと花・
ロッテとルイーゼ・ミランダとアンドレア・みちるとはるか・
ファデとルウルウ・知世とさくら・フレッドとロランス・枝織と樹璃
大和書房ホームページ 二〇一九年一月～二〇二〇年五月 連載

まりあとつぐみ・前斎宮と中将・志水由布子と倉田知世子・
ルイーズとテルマ・菊子と妙
書き下ろし

女ともだち

ガール・ミーツ・ガールから始まる物語

2021年4月20日　第一刷発行

著者
はらだ有彩《ありさ》

発行者
佐藤靖

発行所
大和《だいわ》書房
東京都文京区関口1-33-4
電話 03-3203-4511

印刷所
歩プロセス

製本所
小泉製本

ISBN978-4-479-68177-9

http://www.daiwashobo.co.jp